玉川上水摂津国搗衣図

劝进大相扑入土俵图

"士农工商"职人图(之一)

岩波日本史
第六卷

江户时代

[日]深谷克己 著

梁安玉 译

新星出版社 NEW STAR PRESS

目录

序　言 1

第一章　**江户幕府的设立与新的国际关系** 11
　　1. 战国时期的终结 13
　　2. 征夷大将军与江户幕府 22
　　3. 偃武环境的形成 38
　　4. 海禁环境的确立 47

第二章　**幕藩体制下的社会与文化** 57
　　1. 农民的增加与村镇之间的交流 59
　　2. 从武断到文治 69
　　3. 公仪与民间社会 82
　　4. 近世文化成果与劳动文化 93

第三章　**十八世纪的政治改革与社会** 105
　　1. 幕府政治的改革 107

2. 田沼政治与宽政改革..........121
　　　3. 社会的变动..........134
　　　4. 民众运动与记忆形态..........142

第四章　**江户时代后半期的文化**..........153
　　　1. 近世人的生活与文化..........155
　　　2. 民间社会的文化与艺术..........170
　　　3. 上下扩张的教育活动..........178
　　　4. 不断演变的学问..........187
　　　5. 批评现状的学问及言论..........198

第五章　**内忧外患的时代与复兴志向**..........205
　　　1. 世界的变化与海防..........207
　　　2. 城镇与农村..........217
　　　3. 天保改革..........227
　　　4. 新的社会领导者与复兴志向..........238

结　语　**江户时代与明治维新及现在**..........251
参考文献..........257
年　表..........261

序 言

序言

世界近代史与江户时代

在日本的历史中，江户时代居于什么样的位置呢？在世界史中，江户时代又居于什么样的位置呢？

世界史上有一个称为"近世"的时代。某家广泛研究近世社会的交流及其结构的英文期刊，把一三〇〇年前后至一八〇〇年前后的大约五百年间称为近世，这是源自欧洲的观点。一三〇〇年，东方的蒙古帝国土崩瓦解；而一八〇〇年，西方工业化开始。在这段时间内，欧洲形成了向外扩张的新态势，经历了与世界其他文化的接触。

根据这种看法，近世的五百年，是欧洲无视来自亚洲各国反抗的压力向世界扩张的时代，是文艺复兴、宗教改革、奴隶贸易、重商主义的时代。这有别于工业革命之后，西方列强强行向世界其他各国推行工业化的时期。世界受到来自近世欧洲光与影的正反两方面影响，受到强烈震荡，有的国家甚至被迫解体，在这种情况下，欧洲开始反思对方的接受及抗拒情况，同时也孕育出自身的整体性意识。

欧洲人开辟新航路扩张势力时，恰逢十六世纪中叶日本

江户时代初期绘制的世界地图屏风（神户市立博物馆藏）

群雄争斗激烈的战国时期。欧洲的扩张势力把火绳枪和基督教传入日本，给战国大名①带来了新的战术，又给民众带来一种心灵慰藉的新方法——基督教。

但是，在欧洲与日本之间，并非只存在一种空白、透明

---

①大名，由"名主"一词转变而来，所谓名主就是某些土地或庄园的领主，土地较多的就是大名主，简称大名。日本各个时代中大名的含义稍有不同。（本书注释均为审订刘德润先生注，特殊标注除外）

序　言

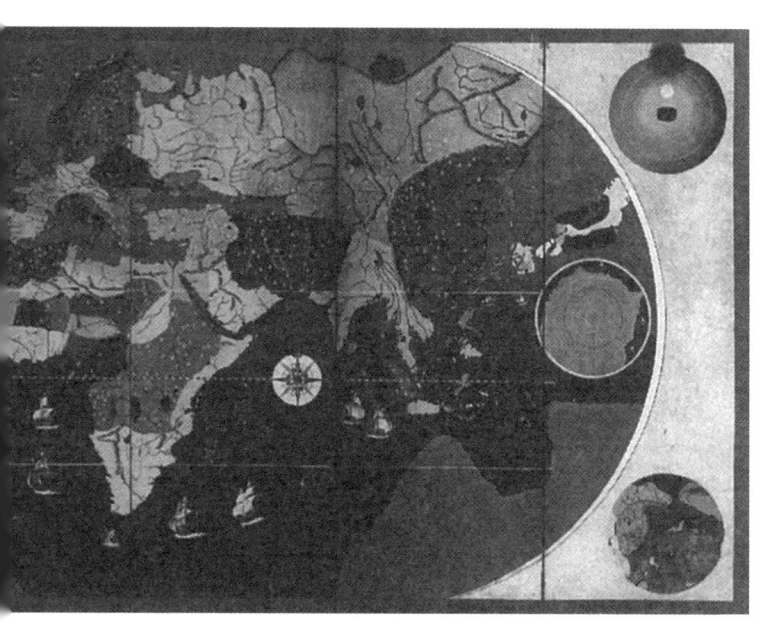

空间，而是一片深邃的东亚海域，这里覆盖着一张倭寇和中国商人等建立起的巨大贸易网——以中国商品为主，他们生机勃勃地开展着交易。这是一片棘手的地域。南欧的葡萄牙人沿着这张交易网，偶然漂流到了日本萨摩藩①南部群岛的种子岛上。

---

①萨摩藩，江户时代九州南端的诸侯国，位于今鹿儿岛县西部一带。

近世社会也出现在东亚。中国视十四世纪中叶至二十世纪初期的明清时代为近世，也有人将朱子学出现的南宋视为中国近世的开端。日本从十六世纪中叶开始进入群雄割据、经营领国、以称霸天下为目标的战国时期，一直到幕藩体制一命呜呼的十九世纪中叶，都可以称为日本的近世；其中，从十七世纪初德川家族开设幕府，直至放弃政权的时期，便称为"江户时代"。

粗略说来，日本的近世在工业化、资本主义时代之前，已经有了大量货币交换、商品生产及商业活动的开展。同时，这个时代的流通网并不单跨度广，而是像毛细血管似的渗透进社会各个角落。东亚出现的这种新的社会形态，诞生于内部的日益成熟和外部的互相交流。一种现象不可忽视，即日本文化受到外来文化的影响，又远超外来文化。在江户时代，算盘这种十六世纪从中国传进日本的计算器，支撑着跨越各行业的经济活动。由中国经琉球传入的乐器，后来演变成三味线，奠定了江户时代乐曲的根基。在赴日朝鲜陶瓷工匠的苦心经营下，日本制作出了国产瓷器。

江户时代的日本，吸收东亚和欧洲文化，形成了被称为幕藩体制的政治架构。从封建领主的分权性和小农村落等角度来看，幕藩体制与中国、朝鲜相去甚远，接近欧洲。然而，面向"百姓"[①]这一群体，在儒家思想、佛教的影响下，举国上下又都以"太平""平均"为目标，用汉字制作文件、档案等。可见，日本立足于东亚的共同基础之上，同时又彰显出自身的个性来。

时代划分的方法需要经过非常严谨的讨论，但归根到底是为了更加容易地去认识历史。本书中的"近世"一词涵盖范围很广，有时也只具有特定含义。本书也会使用日本史研究中常用的"江户时代"一词，必要时，还与"初期""前期""后期"等搭配使用。此外，为便于联想到年代，也会西历和日本年号同时使用。

江户时代的持续力 江户时代中，一个饶有兴味的课题是，为何这个时代能延续二百六十余年？江户时代，作为中央政府的江户幕府——在本书中会常常使用当时的专有名词"幕府"。纵观这个时代幕府统治的持续性，以及民间社会的深厚、经济文化的分量，可以说这是在东西古今的历史上，一个接一个诞生出来的具有世界性的文明社会中的一个。而且不单是日本，在近世的东亚，还催生出了

[①]百姓，在江户时代，用来指在领主的领地或武士、寺院所属的庄园内劳作的农民。

好几个具有强韧持续力的文明体制。

朝鲜王朝从一三九二年到一九一〇年,延续了五百余年。明朝持续了二百七十余年,灭掉了明朝的清朝也绵延了二百九十余年。琉球王朝也从一四二九年至一八七九年延续了四百五十年。这些政权的统治范围与力量各不相同,一六〇〇年前后,东亚整体发生了剧变。然而,大致上东亚的近世社会都有持续性,在共同分享文化的同时也孕育出各自独特的模式。即便国家组织崩溃了,仍旧会对整个社会留下影响,无论好坏,都变成了一种传统和深厚的社会文化。

在日本历史上,江户时代给人的印象是这个时代延续的时间特别长,原因是政治框架的牢固。平安时代延续了大约四百年,其中却有天皇亲政、摄关①政治、上皇掌权的"院政"、平氏政权等权力中心和政权形态的变化。室町时代也延续了近两百四十年,包括南北朝时期和战国时期,其前后都有长期的内乱,中央政权的日渐衰弱,这个时代的后半期更是被称为"大名领国制",显示国家与社会的架构已经发生了质变。

江户时代的政治框架与社会结构都发生了不同程度的变

---

①摄关为摄政和关白的合称。天皇年幼或身体欠佳时,由皇族或外戚当政,称为摄政;关白为平安时代以来,辅佐天皇执掌政务的重要职位。

化。然而，幕藩体制的框架却一直持续到最后。其中，处于主从关系的将军与大名，统治着各自的领地，他们构成了全国的统治力量。这种维持不变的封建政治结构，给人留下一种这个时代也牢固而不可动摇的印象。

东亚的近世史，在共同的文化基础上长久地延续着，但仔细一看就会发现，中国、朝鲜和日本的历史有着极大的差异。就日本的江户时代而言，将军、大名及武士所构成的统治框架具有顽强的持续力，此外还有好几个因素也一同维系着这个时代。诸多要素一起造就了一个时代，其中有的要素既是时代持续的力量，也是让这个时代走上穷途末路的主要原因；而新的萌芽或成为摧毁这个时代的力量，或成为重振这个时代的力量。理解了这些现象的来龙去脉，我们就会被历史的魅力所吸引。

希望通过本书中列举的许多事件和人物，来解答江户时代为何会延续二百六十余年，以及缘何而灭亡等引人入胜的问题。

第一章　江户幕府的设立与新的国际关系

狩野探幽的"德川家康画像"（局部）（德川美术馆藏）

1. 战国时期的终结

下克上与对太平的期待

本书从一六〇〇年（庆长五年）的关原合战开始，在此之前简述战国时期的终结，让读者做好准备，去关注、迎接新的时代。

战国时期的外在表现是无休止的下克上的狂潮。处于社会底层地位的人，无视传统的上下关系和分担职务的制度，蔑视上级，将其驱逐，以夺取权力，这种现象从镰仓末期开始日益显著。邪恶势力集团、婆娑罗的大名①、庄家一揆②、德

---
①指穿着花哨、引人注目的服装，做出无视传统行为的大名。
②一揆，日本历史上由农民、地方的豪族和武士，也包括僧侣信众等组成的以武装起义或暴动为主要表现形式的反抗统治者的行为。庄家一揆，战国时代起的庄园制度下，农民要求减免年贡大米的数量和服劳役的天数，与庄园主展开斗争。

政一揆①等，也可以视为下克上。进入战国时期，家臣篡夺主君地位的事件屡屡发生。在武士家族中，为了夺得权力，父子、兄弟间不惜互相驱逐、残杀。战国时期不单是群雄之间横向对立，互相争夺霸权，而且还有企图迅速往上攀爬的纵向的下克上斗争。所谓"乱世"，与其说是割据，倒不如说是下克上更加贴切。

登上了权力高峰的织田信长、丰臣秀吉等，也都是下克上的代表人物。信长军队扩充过程中的下克上，有织田家族中的争权夺利、驱逐室町将军足利义昭等。秀吉也是从低层攀上最高层的。他就像鲤鱼跃龙门似的节节上升，渐次独揽了朝廷中的最高官位，夺得相当于独掌朝廷的地位。

信长顽固对抗的一向一揆，以本愿寺为集结中心，与反信长派的大名联手，形成战国时期的一股军事力量。这些信徒们曾在室町时代末期，消灭了守护②富樫政亲，建立了"农民拥有的国家"。就像这个口号所显示的那样，这是一个下克上的宗教团体。秀吉作为信长的部将，与一向一揆交战。一五六三年（永禄六年），信长的盟友德川家康在三河国（今

---
①德政一揆，农民要求统治阶级施行德政的暴动。
②守护，镰仓时代和室町幕府时代的官职。源赖朝得到天皇敕许后，自1185年起在全国各地设置。

爱知县东部）与一向一揆交战。三河国的一向一揆，是因反抗家康侵犯了"禁止闯入寺内权"而爆发的，连家康的家臣们也分裂为两大阵营，展开了激烈的战斗。家康企图离间武士和农民信徒之间的关系，千辛万苦才度过了这场危机。

在战国大名与一向一揆的势力圈内，在战国大名与一向宗暴动的势力圈内，农村中的町与村，都出现了称为"村中众议"的自治组织，他们可以自主的运营事务，以自我救助的方式解决内部纷争以及与外界发生的摩擦，同时打理自己的日常生活。另外，还有在生活上的利益关系中，围绕着灌溉用水的水池、河流，采集燃料、肥料、建筑材料的山野所有权而产生的争执频频发生，大小争斗不断。而制裁所依据的制度及法律都是旧有的条文，远远无法应付这样的局面，执行调停及处罚违规行为的法则也变得失去约束力。此外，还有来自外部的斗争、领主之间的争斗，它们形成一股巨大压力，危及村镇的存亡，这些地方一旦成为战场，人们甚至会被掳劫，成为买卖的对象。

在这样的战国时期，农民阶层、武士阶层的骚动，会演变成大规模的交战，并蔓延至整个社会，发展为下克上的局面。然而最底层的社会对太平的渴望变得日渐强烈，人们希望停止骚乱与战争。大名治理自己的藩领地，并非单纯出于争夺天下的野心，其中也反映出民众对太平的渴望。战国大名经营领地，目的是要富国强兵。想要富国，就要裁决领土内的纷争与是非曲直，还得履行政府的职责，其表现方式就是"分国法"①，也有大名容许提出控告非法行为的诉讼状。

受民众对太平渴望的驱动，实力雄厚的大名之间的霸权争夺战变得更加激烈，日本国产铁炮②的出现，加速了争霸战逐步走向终结。战争的胜负不单是依靠铁炮，枪炮声赋予战场紧张感，同时还引发了一场为夺取胜利的技术革新。一五七〇年开始的大约二十年里，元龟天正年间的争霸战成为战国时期的最后阶段：室町幕府、武田一族、织田信长相继走向灭亡。使人眼花缭乱的权力交替的戏剧，就像雪崩似的把天下推向统一。

织田信长、丰臣秀吉、德川家康交替统治天下。正如狂歌所咏：

> 织田捣糯米，
> 羽柴（秀吉）做年糕，
> 坐享其成的是家康。

---

①分国法，战国室町时代大名用来治理领地的法律。
②铁炮，日本的火绳枪。

从渴望太平的民众角度来看，这三位统治者虽然个性不同，但都对天下做出了会带来一个太平盛世的承诺。"捣糯米""做年糕""坐天下"就是实现太平的三个阶段。

织田信长将口号"天下布武"刻成印章，向全国宣布以武力平定天下的志向。秀吉作为关白，发出禁止私斗的命令"惣无事令"，对于易于发展为一揆的农民，则发出了没收武器的"刀狩令"，农民"专心耕作，便可保障子孙世代相传"。家康作为征夷大将军，准许农民在领主、地方官员有非法行为时，直接提交诉讼状，并禁止领主无故杀害农民。

尽管三位将军夺取天下的野心都一样，但在他们统一天下的愿望之中，也融合了万民之声。他们都摆出一副要逐步实现太平理想的姿态，然而，这种"实现天下太平与保护天下民众"的承诺，受到了来自政权事无巨细的干涉。最后的结果是，幕府实行了将统治者和被统治者截然分开的"兵农分离制"，并且用世袭身份制将所有社会成员的整个家族都纳入一张大网，把众人划分出上下等级与贵贱。幕府就这样替换了当初许下的"实现天下太平与保护天下民众"的诺言。

为江户时代奠定基础的技术与经济

战国时期的人们全力投入交战、骚动、纷争，同时还要经营自己的生产、生活，参加传统节日活动、祭祀典礼。多亏技术与经济都在发生变化，可以加速收拾战国时期遗留下来的烂摊子，积聚起通往江户时代的社会条件。如果不懂得以上事实，我们对战乱的中世与和平的近世的认识就会发生断裂，从而错误地认为从乱世到治世的过渡，只是依靠统治者的聪明才智而已。

加快结束霸权争夺战的，首先要提到一直备受关注的铁炮。一五七五年（天正三年）的长篠之战中，信长与家康的联军以马栅栏阻挡武田胜赖的骑兵，铁炮齐发，重创敌军。有人认为，这是整体兵力悬殊的缘故（信长有三万八千兵力，武田只有一万五千兵力），铁炮并非决定性要素。话虽如此，有组织地使用铁炮这一点，是划时代的创举。此后，铁炮成了交战中不可或缺的武器；直接攻击城堡、箭楼、武器库，则多用称为石火矢（射石炮）的大石头炮。

铁炮在日本古代泛指火器，是使用火药发射弹丸的兵器。在日本镰仓时代，元朝的军队使用铁炮，就是把火药塞进中空的铁球，在火口处点火，用投石机发射出去。日本引进瞬发式点火装置的铁炮，是在一五四三年（天文十二年），漂流到种子岛的两名葡萄牙人将东南亚制造的马六甲型火绳枪转让给这里的岛主。瞬发式的铁炮首要目的是命中敌人,不久便在日本开始生产。日本刀剑、农具的冶炼技术比较发达,铁匠们也同样能够制造铁炮。铁炮传入种子岛,岛上的铁匠便开始进行仿制,铁炮也被称为"种子岛铳"。

因为满足大名及一向一揆的需求,制造铁炮的技术瞬间传遍日本,各地都开始制造,其中最著名的产地是堺市,近江的国友村、日野等,此外还有畿内、近国[①]等。这里的工匠毕生从事铁锹、镰刀等农具的打造。堺市与国友村的产品在江户时代为幕府所征购,确立了其铁炮铁匠的地位。

铁炮的实用化也带动了其他武器的生产,提高了制造刀剑、长枪等武器及头盔、铠甲等装备技术的精细程度。到了江户时代,人们普遍用棉布来制作衣服,但在战国时期棉花是重要的军事物资,以军事需要优先:常用作铁炮的火绳、军舰的帆、士兵的衣服、战马的腹褂等。当时的棉布多来自朝鲜,或是向中国进贡时得到的回赠,或是以购买形式进口。到了战国时期,由于上述需求,棉花开始在日本本土种植。

---

①畿内、近国,古代日本首都京都周边称为畿内,离首都较近地区的诸侯国称为近国,包括伊贺、伊势、志摩、尾张、三河等十七国。不远不近的地区叫中国,而离京都较远的地区叫远国。

战国时期，货币大量用于买卖交易，加速了商品流通，大量运送货物成为可能。大规模的兵马移动在各地迅速展开。对于备战的武将而言，确保大量的燃料和粮草迅速运往远处，是决定胜负的必要条件。只靠威吓和征调，不可能确保物资充裕，他们或购买大量兵粮运送到战场，或就近筹措。

因此，促进商品交换及流通的货币必不可少。从中国进入的质量参差不齐的外币和私铸钱币都在市场上流通，货币进一步渗透到日本社会，迫使战国大名在自己的势力范围内煞费苦心地管理外币和私铸钱币，这种防止农民缴纳租税时使用劣质货币的管制手段被称为"撰钱令"。但民众在交易活动中，通过频繁的买卖逐步达成共识，赋予了不同货币合适的价值，现实的经济活动中并未出现大的混乱。货币用来向领主上缴租税，但也流通于每月数次在郊外临时搭建的店铺集市上。市场不但是经济活跃的场所，也是民众交换信息之处，同时还是一个政治舞台。战乱时代反而造就出了刺激货币交换的契机。

战国时期的武将并不单靠外来货币的流通谋求富国强兵，他们也希望挖掘金、银矿以筹得军费。十六世纪中叶从朝鲜传入一种称为"灰吹法"的精炼方法，从银矿石中精炼出银的技术突飞猛进。日本的工匠吸取了这种新的冶炼技术。由于它适合具有充分自由的小型经营组织,白银产量迅速增加,日本成为世界名列前茅的产银国。在这个时期,葡萄牙和中国船运来中国生产的蚕丝,以换取日本产的白银。

制铁业也掀起了一场革命。人们用称为"铁穴流"的方法,采集到大量铁矿砂,使用了可以提高熔炉温度的脚踏式木板风箱,并且在炉上建起了高大的屋顶,用以保持高温,炼出非常优质的铁来。

这些冶矿技术为江户时代初期将中国输入的货币改铸成日本的货币做好了准备。刀剑工匠、木锯工匠、农具工匠都可以获得优质的原料与工具,具备了小型农户和小型工匠急速增加的条件。

农村屡屡遭到军队铁蹄的践踏,壮劳力被掳去充当士兵,有的则自愿离开农村去当兵。另外,战国大名必须尽力确保领地内的兵粮生产,对米麦的强烈需求持续不减。在这样的形势下,日本提高了对农业生产的精深观察能力,这点可从反映战国时期农业状况的著作《清良记》中看到。其中廉价铁制农具的普及和手工业用具的大量出现,一起促使小型农家与小规模工匠纷纷自立门户。

2. 征夷大将军与江户幕府

关原合战 一六〇〇年（庆长五年）九月十五日早上，在浓雾弥漫的美浓国，八万余名西军与七万五千余名东军展开激战，史称关原合战。正是这场战争把德川家康推上最高统治者之位。

东军统帅德川家康，其父是属于骏府今川家族的西三河冈崎城城主松平广忠，母亲名於大。家康生于一五四二年，幼名竹千代。为了证明松平家族是今川氏的从属，竹千代从六岁开始的十多年里，一直在骏府当人质，改名为德川家康。在元龟天正年间的战乱之中，他与织田信长结盟，以"海道第一弓箭手"而闻名。家康虽然对秀吉称臣，却从东海最有势力的大名晋身为二百五十万石的关东王者。秀吉死后的一六〇〇年，五十九岁的家康在美浓国的关原打赢了夺取天下的决定性一战。

在西军中，地位相当于家康的是进驻大坂[①]城的西军盟主毛利辉元，他比家康小十一岁。其父是中国地方[②]势力雄厚的毛利隆元，母亲是大内义隆的养女。持反信长立场的他，在"本能寺之变"（一五八二年）后，与曾经作为织田军队最前线的先锋、并与毛利军交战的秀吉议和。毛利由于没有追击秀吉撤退的兵队，在秀吉取得天下后得到信任，他的军队成为征服四国、九州的先头部队。毛利辉元四十八岁时成为领有一百一十万石的大名，实力仅次于家康。毛利把军队派到关原，自己却以总大将的资格进入大坂城，守护秀吉的儿子丰臣秀赖。

组织及指挥西军举兵的是石田三成。三成出身于近江国（滋贺县）坂田郡石田村，曾是长滨领主的秀吉在物色心腹侍从时，看中了十五六岁的三成，对他从小精心培养，让他成为自己的家臣。三成一心要惩治那些不忠不义辜负了秀吉恩典的人，他将反对家康的势力集结起来。然而作为十九万石的佐和山城主，他在攻城之战中的失败记录，使他在军事方面无法服众。更有传闻说，三成与茶道宗匠千利休不敬事

[①] "大阪"在明治维新前写作"大坂"，后忌于"坂"字可拆为"士反"，有"武士叛乱"之讳，因此于明治三年（1870年）改名为"大阪"。
[②] 中国地方，本州西部的鸟取、岛根、冈山、广岛、山口五县。

件①、秀次（秀吉的外甥）谋反事件有关，以致声名受损，受到追究。这就削弱了三成作为军队统领的威信。

东西决战是以野战形式展开的，这是元龟天正年间的大战之一。在公元一五七二年（元龟三年）的三方原之战中，家康组织军队一路向西，却被甲斐国（山梨县）的武田信玄击败，逃回滨松城。家康从这一战中学得野战的要领，成为一位长于野战的武将。关原合战时有两个攻击的方案，或攻击敌将所在的大坂城，或攻击西军将领聚集的大垣城。家康选择了前者。这个消息把西军诱骗出来，将他们卷进了大垣西面关原的野战。西军中有自始至终都不曾参战的有力大名，也有背叛投敌的大名。虽是一场一进一退的激战，却只用半天就定出了胜负，可见这场野战是成功的。相比之下，一旦展开攻城战，城内的大名避战、背叛、呼应敌方都容易发生；如果长期的攻城、守城，家康又忧虑东军中曾受过秀吉恩惠的大名会背叛自己。

在参战的大名中，有的武将是忠于信念而选择加入东军或西军的，但大部分都是以延续家族声望为最重要目标，一

---

①利休将自己的画像置于大德寺金毛阁门楼之上，石田三成向丰臣秀吉告发，利休竟然要秀吉从他的胯下通过，才能进入寺院。秀吉恼羞成怒，命令利休剖腹自杀，史称利休不敬事件。

番举棋不定之后,才做出了决定。家康从江户出发西上,途中向各地大名传递书简,呼吁他们加入自己的阵营。

本该担任德川家主力军的德川秀忠所率领的"谱代"大军三万八千余名①,因在上田城(修筑于天正年间)受到以此为据点的真田昌幸及其次子幸村的阻击而贻误战机,迟迟未能赶到主战场关原。然而,昌幸的长子信之却属于东军。战后,信之请求家康赦免父亲及弟弟的死罪,并得到允许。由此真田家族松代十万石大名的地位得以延续,幕府末期还有人担任了老中②。

延续家族门第是武将决定去向的第一决定要素,乱世中隐藏着治世渴望的潜流。那些受过秀吉恩惠的大名,对丰臣家族的延续并无异议。但丰臣秀吉之后,谁有实力适合统领天下?这种担忧笼罩着整个时代。据说家康在桃配山的大本营中树立着"厌离秽土,欣求净土"的旗帜,从这里可窥见从乱世(秽土)到治世(净土),渴望实现太平的暗喻。关原合战结束后,家康继续西进,向大坂进军,下令军队行军中,

---

①德川家康分封天下时,将嫡系部队的首领分封为"亲藩",1600 年关原合战前归顺德川的敌军武将封为"谱代",关原合战后才投降归顺的武将则封为"外样",后两者封国的位置都在较为偏远的地区。
②老中,江户时代幕府的高级官职,其职能相当于政府总理,定员为四五人,轮流执政。

禁止对那些已经不是交战对手的残余势力所在村落施暴、放火、强行收割庄稼等。这是为了保障当地居民专心耕作，回应人们和平的渴望的举措，说明家康在以武力夺取天下的过程中，将迎合民意的形象看得十分重要。

当然，关原决战并非一切都如家康所料。战局是千变万化，意想不到的境况不断出现，对战争的进程无法做出预测。但最终，这场一边倒的胜利使家康的势力变得更加强大。

西军的石田三成在京都六条河原被斩首。他所领有的佐和山城分配给了"赤备队"的猛将井伊直政，井伊直政将城池迁移，改建为彦根城。整个江户时代，井伊家族作为"谱代"的巨头，有五人当上了大老①。

西军的统帅毛利辉元被削去了安艺、石见等五处封地，只余下周防、长门两处，俸禄减为三十六万九千石。辉元剃发隐居，并辅助幼主，从广岛迁移到山口，在叫作萩的地方筑城，建起长州藩，一直延续至幕府末期。② 这样，西军各将领都受到严厉的处分，东军各将领与家康的关系也从联盟变

---

①大老，江户幕府时代，辅佐将军的最高职位，管理幕府的一切事务，位于老中之上，通常只设一人。
②在近世除了儒学家的议论外，大名的姓、城池所在地、领地等都往往混合使用。本书中，将政治组织、领土及其臣民统一为"某某藩"。——原注

成上下级的从属关系。然而，家康的继承人秀忠，因参战迟到，第二代将军的威望一下子被削弱。由于家康依赖福岛正则、加藤清正等秀吉麾下的大名而取得胜利，在论功行赏之际，不得不加封一部分原属丰臣系的大名，让其拥有一国之领地。从西军大名手中没收所得的六百二十二万石领地中的八成，都加封给了他们。此举牵制了德川家族的专制力量，成为大名（藩主）继续保持自律性（处于下级的小国家性质）的条件。

敕封将军圣旨与保障平民百姓的安民告示

一六〇三年（庆长八年）二月十二日，六十二岁的德川家康在京都伏见城迎接敕使，拜领"征夷大将军"一职。家康的"谱代"功臣鸟居元忠与大坂军奋战时，攻陷了烈焰中的伏见城，此时的伏见城为战后重建而成。家康将敕封将军的宣旨公布于天下的仪式定在三月二十七日，于刚落成的京都二条城内举行。

住在大坂城中的是丰臣秀吉的儿子秀赖，虽然他被减封为六十五万七千石的大名，但仍然是受过秀吉恩惠的大名的中心，是那些不顺从家康的大名的势力据点。在这样的背景下，家康取得武家栋梁的领袖名分具有重大意义。他不失良机回应天下万民的夙愿，这点尤为重要。

三月二十七日，庆祝将军就职的典礼举行，德川家的幕府正式成为中央政府，与担任关东总奉行[①]的内藤清成、青山忠成联名，向直辖领的代官、"谱代"大名、"旗本"[②]统治的所有地区发出"觉书"，共七条规定：

第一条：因领主或代官的"非分"行为而离开村庄的农民，即便是颁布了"逃亡报告"，也不得对其实行遣返报复。

第二条：如农民有未缴纳的年贡，应在幕府官员的见证下，按照邻村的年贡率核算，年贡缴纳完毕之后，该农民可到任何地方居住。

第三条：农民直接上诉，向领主（德川家康）控告领主时，要有离开村庄的思想准备。

第四条：围绕年贡发生争议时，应参照邻村标准以求解决。有关年贡率的高低问题，农民不可单方面提出控诉。

第五条：原则上禁止使用直接上告的诉讼状告状。但当农民的妻儿被领主捉拿当作人质不得已之时，首先应向幕府的代官、奉行提交诉讼状。如无结果，才可向幕府直接提交

---

①奉行，是日本幕府军权府下的一种军职。首次出现在平安时代，当时是担任司掌宫廷仪式的临时职役。镰仓幕府成立以后逐渐成为掌理政务的常设职位。
②旗本，直属将军的高级武士，因战时守卫在将军与帅旗周围，而被称为"旗本"，意思是"帅旗之下的近卫军官"。

诉讼状，不依照规定之人将会受罚。

第六条：当幕府代官有"非分"行为时，可向幕府直诉。

第七条：禁止杀害无辜农民。即便农民被捕是因作奸犯科，也得在官府做出申辩之后，方可处罚。

反过来看，这些规定条文说明，其中所涉及事件当时屡屡发生。以第一条为例，官员横行霸道，有领主、代官追踪并抓回逃离乡村的农民。领主依然以战乱时代军队的性质而存在。因此，农民渴望出现扼制这些恣意统治的力量。他们不会忍气吞声，总会设法寻找机会，向更高的权力机关直接告状，来走出困境。对于小领主将农民的妻儿扣押为人质，以强征年贡。年贡应该征收多少？也应按照公正的标准，由官府进行决断。领主经常直接面对来自农民的压力，也希望有一股强大力量出现。乱世结束，有必要重新梳理农民与统治者之间的关系。

然而，这些条文并不是依靠家康个人的智慧制定出来的。天下大乱的战国时期，由无数纷争而萌生出来的农民的期望，给了他参照。其实家康早在前一年（一六〇二年）十二月，就提出过与"觉书"相类似的五项"规定"和三项"规定"。远在这些规定出台之前，也曾有战国大名动员农民告状，比如家康进入关东之前，统治当地的战国大名后北条氏。虽然这局限在个人统治范围之内，但也显示了政府的意志。在家康领受将军宣旨权时，备前国（冈山县东南部）的池田辉政与富子年仅五岁的儿子池田忠继就享有二十八万石的俸禄。事实上进入冈山城执掌政务的，是忠继之兄池田利隆。在冈山藩，池田利隆于公元一六〇七年（庆长十二年）三月颁布"百姓申渡觉"①，共五条规定。第一条，各村如上诉时，可投诉两次，若皆不受理，可向藩郡奉行提起上诉，如对其结果仍不满意，便可向政府提交诉讼状。这里所说的政府就是池田利隆。

在这样的时代，成为武家栋梁、处于中央政府最高地位的家康，率先提出"不可杀害农民""允许农民在某些限制条件下，可直接向上级机关提出诉讼"。关于农民的营生，深得家康信任的亲信本多正信提出"农民既无余财，也无不足，乃治国之道也"，要明确划分地界，让农民积累一年的财富与食物，"其余作为年贡"由政府征收，此乃"圣人之法"也（《本佐录》）。

此后，政治开始步入正轨，虽然离保护小农政策的目标仍有距离，但幕府已经将农民进一步提升至公法保护的地位，

---

① "百姓申渡觉"：告知百姓书。

明确宣布了对他们的保护原则。站在兵农日渐分离的农民立场上来看，他们提交诉讼状、被迫搬迁等，都会经历无数失败，做出很多牺牲，这是农民历经各种磨难后获得的结果，在江户时代的起步期，已经堪称达到一个历史性高度了。

建立统治天下的架构 家康一面安抚农民，一面着手建立统治天下的幕府权力架构。为了应对时势与各方面的要求，德川家的野心与家康的个人好恶相结合，幕府权力架构逐渐形成和完善。经过好几个阶段的修订，幕藩体制终于完成，家康却发现它与自己的初心相距甚远。这源自德川氏以和平这种天赐恩典的方式去安定天下的愿望，但贯彻始终的仍然是家康治理天下的政治架构。第二年（一六〇四年），家康把将军之位让给德川秀忠，以此表明将军一职乃世袭之位，并敦促丰臣秀赖前往京都，以证明他对德川氏的臣服。但是这遭到了秀赖的生母淀殿的拒绝，双方曾一度出现开战的危机，但不久便平息。

在这样的形势下，家康作为将军或是退位将军，善于征用谋臣、富商、学者、僧侣、外国人等，就像自己身边亲信那样，驱使他们方方面面发挥作用，从而主导战略性全局。另外，家康对国外明确地表明日本幕府的立场；对于国内，他也煞费苦心地将传统权力与新兴权力纳入以德川氏为中心的幕府手中。

由于明朝军队撤退,朝鲜得以自主地与日本进行外交活动。家康成为将军后,日朝外交迅速推进,日本率先向朝鲜递交了国书,答应朝鲜的要求,于一六〇六年(庆长十一年)向朝鲜引渡破坏朝鲜国王陵墓的犯人。翌年,朝鲜使节来到日本,在对马藩(在今长崎县境内的海岛)与朝鲜缔结条约,以保障釜山倭馆的垄断贸易,这里从此成了日朝外交的窗口。对马藩因对朝贸易而获利,才得以生存下来,因此,对马藩对开展贸易的愿望十分强烈。

在琉球国(今冲绳县)方面,六十万五千石的萨摩藩(今鹿儿岛县)藩主岛津家久以"虽然家康送还了漂流到九州的琉球船,对方却没有派遣使节前来谢恩,琉球对岛津氏的督促也不加理睬,实属无理"为由,提出出兵请求,并得到许可。一六〇九年(庆长十四年),萨摩藩出兵攻打琉球,占领首里城,将琉球国王与三司官押送到萨摩藩。琉球国接受了萨摩藩丈量土地并缴纳贡租、在琉球设置藩驻守官署等一系列服从归顺的条约。翌年,琉球国王在岛津家久的陪同下,前往骏府城谒见家康,在江户城问候秀忠。这成了此后琉球使节在江户城仪礼的原型。

至于虾夷地（今北海道），家康以征夷大将军身份，于一六〇四年（庆长九年）在秀吉朱印状[①]的基础上更进一步，又颁发了三项条款的黑印状，将其授予蛎崎庆广，命其改姓松前，成立松前藩，并排除其他的大名及商人，让松前氏垄断了通商权。

谋求与明朝复交是家康一贯的立场，由于利用与朝鲜及琉球的关系等策略均不奏效，家康扩大朱印船贸易规模的同时，还构想出一种"邂逅式贸易"方式，来打破自己定下的锁国政策的限制。这样，用可搭乘四百人的二三百吨的大型贸易船来实现与明朝以及东南亚各国的贸易。吸收了欧洲航海技术的朱印船变得更加活跃，大展身手，在东南亚出现了几处"日本街"。船主是长崎、京都的商人，在岛津、加藤等日本西国大名、长崎奉行的官署之中，还出现了女性的身影。

其中有一位商人叫茶屋四郎次郎，早年是德川家的御用商人。"本能寺之变"时，向恰在畿内的家康报信，助其脱险，而成了家康的亲信，为朝廷及丰臣氏收集情报。茶屋的第二代当上了京都的总町头役；第三代在长崎管理御用蚕丝的贸

---
①朱印状，丰臣秀吉颁发的盖上大红官印的贸易许可证书。

易，派遣朱印船前往交趾（今越南中部），并受命管理京都与大坂之间的动脉淀川上来往的客货船，成为官僚式富商。与此同时，也有像大名伊达政宗那样，派遣家臣支仓常长远赴欧洲，成为策划国际贸易的东国大名。

朱印船的贸易商中，也有中国人、荷兰人、英国人等外国人。英国人三浦按针（William Adams）远赴荷兰，担任东洋远征船队的领航员。由五艘船组成的船队在海上被大浪冲散，只有他所乘的"丽芙迪号"于一六〇〇年（庆长五年）漂流到丰后国的臼杵湾（今大分县臼杵湾）。按针前往大坂取得家康批准后，把船开回东京湾上的浦贺。家康赐予他房屋及领地，用作外交据点。三浦按针娶了一位日本女子，这从侧面促进了荷兰、英国与日本通商。他也驾驶着朱印船前往东南亚进行贸易。

在德川氏开创的太平国家的形势下，家康把势力逐渐增强的基督教视作危险。他认为基督教排斥其他宗教、否定偶像的做法会削弱尊崇幕府的意识。家康致书菲律宾、墨西哥的西班牙总督，指出在"神国"日本，君臣与各藩会对当地诸神立下信义与盟约，以作为明确的证明。

这时，偶然有人揭发了本多正纯的家臣冈本大八与有马晴信的贿赂事件。由于两人都是基督徒，加上骏府城的"旗本"和侍女中也出现了基督徒,于是家康决定颁布禁教令。秀吉驱逐传教士的同时,宣布信仰可以"随心",而家康连信仰也要禁止,却没有禁止朱印船。于当时的日本而言,压制外国船只是一种权宜之计,因为外国船的竭力反对和禁教令的生效,对外贸易渐渐陷入困境,贸易船只所剩无几。搭乘过角仓船和荷兰贸易家耶扬子之船的德兵卫的经历,后来被写成基督教故事《天竺德兵卫物语》而流传于世。

对内方面,为了树立以德川氏为中心的幕府权威,保障盟约体系免受外部势力的影响,幕府以禁止基督教的方法来确保信义。除此之外,协调国内新旧统治势力也非常重要。面对武家的势力,德川氏的霸权由于就任将军一职而提升至王权的高度,同时也显示出其世袭的意义。至于丰臣氏方面,事到如今,丰臣系的大名及臣属的大名以军团形态继续存在,这对德川氏专权构成威胁。虽然幕府仍让大名保留自行执法的权力,但会以新赐领地、加封、减封、取消封地等方式来彰显将军的权威。此外,还要求各地的大名以誓约书的形式承诺,永不背叛公方(将军)。同时在建立政权的都市江户,把日比谷海湾填为平地,并进行城市规划,以日本桥为全国主要交通网的起点,在江户城建筑最大的天守阁,在港口的腹地大幅改造利根川的河道。以上所有工程幕府都强制大名来协助完成，以增强幕府的威信。

天皇被称为主上、禁里、天子、天王。天皇赐予德川氏象征着朝廷最高等级爵位的金冠（代表权威），还宣布为了天下安宁，改用显示吉兆的元号，闭门斋戒，披戴甲胄，在神前祈祷，天皇成了和歌及皇室典章制度等日本王朝文化的传承者。家康更是剥夺了天皇及贵族鹰猎（利用猎鹰狩猎）的权利，要求朝廷取消武家官位人数的限额，由将军推举即可。家康还通过拥立后水尾天皇，干涉天皇的去留。在这种情形下，家康要求大名立下誓盟书，利用朝廷来强化德川氏的威望。在大坂之役中，家康拒绝了天皇与秀赖议和的敕令。一六一五年七月，由昭实（前关白）、秀忠、家康联名制定了"禁中并公家诸法度"十七条，并清楚指出"天子诸艺能，第一乃学问也"。他们还规定了官员上朝的席次、天皇对官员的任免权限、皇位继承、改元、宫中僧侣须着紫等规定，一方面保障朝廷的独立性，一方面限制其活动。将官位分为武家与公家官位两系，以防止出现矛盾。大名之间通过竞争获得武家的官位，这有助于将军集权。

寺庙、神社本位于朝廷之下，住持等最高级职位由于朝廷的管理而受到抑制。幕府为了夺得寺庙、神社的统治权，对伊势神宫、比叡山、高野山等制定了不同的法令，寺庙、神社最终丧失了政治权力，再也没有可能产生出像缁衣^①宰相之称的金地院崇传、主导家康日光山改葬仪式的天海等这样的宗教家。

---

①缁衣，僧侣的僧袍多为黑色，这里指僧侣。

3. 偃武环境的形成

宁宁与茶茶——大坂之役

正因为乱世终结,许多原属丰臣系的大名都认为,统一天下的最高权力者须具有经验、人品及领导才能,这是东军取得关原合战胜利的重要因素。就连天下最高权力者丰臣秀吉的正室宁宁也持这样的立场。

关白秀吉的正妻宁宁被称为北政所,她出生于尾张国(爱知县西部),是织田家族的远轻头目浅野长胜的养女,十四岁时与木下藤吉郎(秀吉原名)结婚。作为糟糠之妻,她始终如一地肩负着秀吉一家的家政,从木下到羽柴,以至丰臣氏扶摇直上。同时她在调和丰臣家与朝廷关系上担任关键角色,被朝廷赐予"从一位"的品位。秀吉逝世后,宁宁削发为尼,号高台院,在京都东山建立高台寺,为秀吉祈祷冥福。后德川氏每年为她发放一万三千石的禄米,她一直活到第三代将军家光的时代才逝世。

可是，有人认为掌管天下之权应当归还给秀吉的嗣子秀赖，这种声音与被霸主德川氏驱逐的人们的怨气一起，在暗中形成一股势力。当家康被朝廷封为将军时，丰臣秀赖升为内大臣，德川秀忠继德川家康被封为将军时，秀赖再次升为右大臣。家康也依照秀吉临终时留下的遗言，将秀忠的女儿千姬嫁给了秀赖。因此，不满的人们期待着德川氏会把政权归还，丰臣家族再次成为最高权力者。

高台院宁宁的画像（局部）（名古屋市秀吉清正纪念馆藏）

其中的中心人物就是茶茶（淀殿或殿君）。茶茶是浅井长政与信长妹妹阿市的长女，由于局势变化，成了秀吉的侧室。长子鹤松夭折后，她便将次子秀赖培养为嗣子，秀吉逝世后，她得以在大坂城内施展着秀赖"母亲大人"的权力。

丰臣家族以为秀吉举行"悼念菩提讲"来祈祷冥福的名义，在各地修建神社、寺庙，消耗了大量财力，重建京都方广寺大佛殿，更是一项让丰臣氏倾家荡产的大工程。大佛开光仪式将至，家康以广寺钟上的铭文铸造问题为借口，把丰臣家族逼上了绝路。

大坂城的秀赖母子向接受过丰臣恩惠的大名们求援，却没有人伸出援手。可以依靠的，只有火速赶来的真田幸村、长宗我部盛亲、后藤基次等所率领的十余万浪人，

淀殿画像（局部）（奈良县立美术馆藏）

还有一座易守难攻的大坂城。家康动员起全国大名，指挥约二十万士兵，率领被称为神武天皇开国以来最强大的军力包围大坂城。在严寒天气中，小规模战斗陷入胶着状态，议和的声音越来越高。家康却违反和约，填平了护城河，摧毁了大坂城的防御力量。

翌年四月，德川阵营寻找再次开战的借口，家康、秀忠率领的主力部队自京都街道，别动队沿大和路向大坂城进军。激战在各处爆发，大坂阵营的将士们纷纷阵亡。希望保全秀赖性命的大野治长，放走了秀赖的妻子，也就是秀忠的女儿

千姬，让她前去请求免除秀赖母子的死罪，未果。淀殿与秀赖在烧成一片火海的城内自尽。日本终于迎来了由武将建立的太平之世，再加上七月更改年号为"元和"，人们也就习惯地将这次事件称为"元和偃武"。

就这样，丰臣氏灭亡了。北政所宁宁在关原合战时，曾策划过延续丰臣家族的计划，战争结束后，宁宁的兄长家定继承秀吉的家族，改姓为木下，在备中国（今冈山县西部）得到二万五千石的封地，建立了足守藩。他热心教育，幕府末年，藩内的下级武士绪方洪庵在大坂开设"适适斋塾"。

大坂之役后，德川氏名副其实地成了政府的中枢，颁发了"一国一城令"、"禁中并公家诸法度"、"武家诸法度"、"五山十刹的诸山法度"，让传统与新兴的权力阶层臣服于自己的脚下。此后，家康隐退骏府，第二年开始发病。一六一六年（元和二年）四月，家康下令试秘藏的三池典太佩刀的锋芒后逝世，享年七十五岁。他死前不久，晋升为太政大臣，死后敕封"东照大权现"的神号。

公武融和，岛原天草一揆

秀忠采取了一系列的强力措施，以巩固幕府的统治，其中包括把自己和淀殿之妹於江与所生的女儿和子送进后宫，让她成为后水尾天皇的女御①；秀忠对大批天主教徒处以极刑（史称"元和大殉教"，一六二二年）；没收福岛正则的领地等。同时，一六一九年（元和五年），他颁布了让天下人遵守的御法度和禁止诱拐贩卖人口、禁止强迫农民长期服劳役的制度，以及处理逃亡他乡之人的规定，处处都显示出安抚民生的原则。

第三任将军家光以宽永年间为中心执政期，在任三十余年。家光尊崇家康，同时也整顿了幕府体制的国家框架与机构，尤其是武家的组织化，包括制定武家法度、老中制、参勤交代制②、直辖军队的重整、兵役动员的规定等，其后还陆续确立了各种制度。江户时代的代表性钱币宽永通宝，也是此间开始铸造的。

经过许多纷争之后，幕府与朝廷才得以实现以武家为主导的公武融合。一六二九年（宽永六年），后水尾天皇对幕府处罚其御准穿着紫色袈裟的高僧表示不服，这位高僧是与幕

---

①女御，天皇的后妃分为皇后、中宫、女御、更衣四个等级。中宫与皇后的地位相同，新立的皇后称为中宫，以区别于之前的皇后、皇太后。
②江户时代，幕府为了严密控制各藩的领主，实行"参勤交代"制度，藩大名必须隔年前往江户幕府值勤，每年都奔走于江户与自己的领国之间，让他们消耗财力。他们在江户幕府划定的区域建立自己的藩邸，藩主的正房夫人要一直留在江户，充当人质。藩主去世后，往往由其子接替他的藩主地位，新的藩主夫人方可将一直滞留江户的婆婆替换回家。

府相对抗的京都的泽庵宗彭。加上对德川家光的乳母春日局谒见的不快,后水尾天皇让位于他与和子所生的女儿"女一宫"(长公主)兴子公主内亲王,是为明正天皇。

德川家光于一六三四年(宽永十一年),率领三十万七千名随从进京。他在加强将军权威的同时,也增加了后水尾上皇的经费以保障院政[1],他们二人还互相馈赠礼品。此后,上皇院政又维系了五十多年,主导着和歌等公卿文化。后水尾上皇与东福门院和子二人琴瑟调和,和子更是开创了丝绸印染法"御所染",奠定了这种技艺流行的基础。两人都得以尽享天寿。

幕藩体制的成立期,建立起了国家的上层建筑。但同时由于农民的疲敝、饥馑,浪人阶层的反抗,以信仰之力集结而发动武装暴动,加之遇上了"宽永危机"的巨大障碍,社会问题再次浮现出来。为了实现"实现天下太平与保护天下民众"的承诺,必须重整政策基调。

岛原天草(位于九州)一揆是当时社会矛盾的一个缩影。由于关原合战和有马家族被改封日向(位于九州宫崎县,一六一四年),岛原半岛和天草群岛的农民、渔民、船夫、商

---

[1]院政,天皇隐退或出家后,称为某某院,或某某法皇,但他们还继续掌权,便称为"院政时代"。

人、工匠中许多沦为浪人。他们以人们还记忆犹新的青年天草四郎之名义聚集起来。在蔓延九州的旱灾和饥荒中，在大名追求功名的野心和恐惧驱使下，平民百姓被征调去改建扩充江户城、随将军赴京、营建东照宫等，种种沉重的劳役和蛮横无理的钱粮征收，都转嫁到农民身上。

天草四郎的父亲是关原合战中被斩首的基督教徒大名小西行长的家臣，名叫益田甚兵卫。他回到肥后国（今熊本县）的村庄务农，与玛尔塔（洗礼名）结婚生下长男天草四郎，取名为益田时贞。姐姐叫阿福，妹妹叫阿万。在甚兵卫周围，还有同族及返乡务农的武士朋友、基督教浪人，他们利用基督教的世界末日论调，及人们迷信十五六岁的少年神灵容易附体的民俗，以四郎为象征人格，开始准备暴动。

一度被迫放弃基督教而改信佛教的豪农及中小农户，把四郎的奇瑞现象与异常气象联系起来，受到了震撼，转瞬之间，他们又蜂拥而起恢复了基督徒的身份。暴动的第一战就攻陷了岛原城，最终被幕府使臣指挥的十万余名军队包围。男女老幼只好闭守岛原城内，其中，包括因领主的蛮不讲理、横征暴敛等义愤填膺的群众。在绝望的守城战中，以农民为代表的一揆势力演变为与异教徒之间的教派战争，他们在基督教教义之下团结一致，同仇敌忾。

领主派四郎的妹妹阿万与外甥小兵卫前往城内送信,企图让他投降。四郎派七岁的妹妹手上拿着无患子的果实及香橘等返回城外,表示拒绝投降。①

一六三八年(宽永十五年)元旦,最初的幕府使臣板仓重昌迫不及待地下令发动总攻,用铁炮重创暴动势

板制的踏绘(东京国立博物馆藏)

力。第二位使臣松平信纲则采取断粮作战,结果城内民众抵不住饥饿,在敌人的总攻之下全军覆没。

这样,终于迎来了真正的偃武时代。天下太平之后,幕府禁止农民百姓谈及"天下物语"。由于民众基督徒比武士、土豪基督徒更具危险性,随后干脆用"踏绘"②的方法来甄别谁是基督徒;奖励告密者,督促农民改变宗教信仰。直接

---

①相传,无患子是释迦牟尼赐予众生的礼物,人们用108颗无患子果实穿成念珠,每日诵经便可灭去烦恼与苦业。香橘由中国和中印半岛传入日本,在人们心中还代表着清纯与美丽。妹妹手持这两样果实,是要表明自己心中坦荡无烦恼,自己起义事业清纯而正义。
②踏绘,踩踏圣像。

对农民进行迫害的是岛原藩主松仓胜家,他最终被判了斩刑,天草的寺泽家也因藩主自尽而绝了后。为了缓解饥荒,幕府颁发了一连串针对当地居民的命令,其中大部分都是对农民百姓进行控制兼保护。

4. 海禁环境的确立

幕府管理下的长崎港　　在禁教的目标下，家光执政时期，日本与外国的关系发生了急速的变化。明清之交，中国的战乱也使日本对周边各国提高了警戒。因此，开始在幕府管理下进行与外国的贸易，取缔走私。一六三三年、一六三五年，幕府两次发布海禁政策，明令禁止日本人前往海外。"海禁"① 是这一时期东亚共同的国际关系准则，但在日本，禁教及亚洲的政治形势才是海禁的主要原因。幕府通过长崎、对马、萨摩、松前四个口岸建立国际关系。但日本与中国并没有建交②。在萨摩、松前的港口，毋宁说日本是站在中国的立场建立了两国关系。在东亚各国，一旦发现有漂流而来的异邦人，就会互相遣返。在这一点上，

---
①本书在近世后期使用的是"锁国"一词。——原注
②只有一种伴随着华夷意识的册封、朝贡关系。——原注

日本的幕藩体制没有偏离以中国为中心的东亚国际秩序。

这四个口岸中，只有长崎是在幕府管理下开港的，其余三个港口都是由当地的封建大名，宗氏（对马藩）、岛津氏（萨摩藩）、松前氏（松前藩）来垄断当地的通商权，包办对外交涉及警戒工作。这些港口之所以没有完全被幕府控制，是由于受各自既得利益的强烈驱使。

幕府命令长崎奉行管制出入境事务、基督徒及贸易。继而又在一六三四年、一六三五年（宽永十一年、十二年）发出禁令，禁止日本人前往海外和重新返回日本、禁止传教士进入日本、禁止向外国贩卖武器以及蚕丝贸易。在长崎正准备出海的朱印船也被制止，日本关上了大门。

备受岛原天草一揆冲击的幕府，在农民暴动后下令全国大名强迫基督徒放弃信仰。在暴动前一年，长崎港内筑起了一座出岛，让市内的葡萄牙人移居岛上。到了暴动后的次年，禁止所有葡萄牙人进入日本，还将他们与日本女人所生的孩子也用葡萄牙人的船驱逐到澳门。接着，又将第二年来到日本的六十一名葡萄牙船员斩首，为预防遭受报复，在远海之上设置瞭望哨岗，命令大名负责警卫，以炫耀武威的姿态严阵以待。

一六四一年（宽永十八年），平户的荷兰商馆迁移至还是一片空地的长崎出岛之上，幕府管理的港口只开放长崎一处，至此海禁体制得以确立。西班牙人早已被驱逐，英国人以贸易为由撤退了，荷兰成为欧洲唯一与日本贸易的国家。这看似是出于日本单方面的决定，但实质是在欧洲势力激烈的争夺战中，只有荷兰胜出。

在十六世纪末期独立的新教国家荷兰较晚出现在东亚，但他们以荷兰的东印度公司为据点，不惜击毁、缴获其他国家的商船来扩充自己的势力。在平户的商馆中，他们贩卖着从中国等国的商船上掠夺而来的货物。接着，幕府收到伊比利亚半岛上的西班牙、葡萄牙两国违法行为的紧急通报，这两个国家利用自己的情报及武力，来确保与日本之间的贸易航路，日本朱印船面临危险。幕府在确认荷兰人也能向日本提供必需的物资后，决定驱逐葡萄牙人。

需在出岛支付土地租金的荷兰人，感叹这实则为一座"国立监狱"。在亚洲的商馆群中，长崎的治安是最好的，并获利颇丰。在岛原天草一揆时，他们还参与了对农民的炮击行动。后来，商馆馆长来到江户谒见将军，把海外事情风说书[①]提交给幕府。

[①]风说书，世上的各种消息，特别是有关政治情报的记录。由长崎出岛的荷兰商馆每年提交给幕府。

然而，荷兰人也不能驱逐来到长崎的中国商船。明朝崩溃伊始，许多明人纷纷逃到日本，为通商活动充当翻译。郑芝龙带动全族人继续展开复明的运动，在平户与日本的下级武士田川氏的女儿生下了福松（即郑成功）。由于明朝的海禁规条日渐松动，沿海的海上商主成为复明运动的主导，他们向日本请求援兵，希望得到物资及资金。家光的幕府政权对可行性作了一番分析，但观察事态的发展之后，最终还是决定放弃援助。

郑成功七岁时独自一人回到中国福建省泉州安平镇，到南京的国子监求学，因蒙明朝隆武帝赐明朝国姓"朱"，赐名"成功"，并封忠孝伯。父亲芝龙投降清朝，母亲在安平城自杀后，郑成功依然高举反清复明的大旗。福州被攻破后，隆武帝被俘，郑成功逃到海上。他曾派使者前往日本请求援兵，却没有得到任何回应。郑成功占领福建、广东、浙江等沿海地区，与南洋开展贸易，积累实力，每年都派"国姓爷[①]船"至长崎。可郑成功仍遭到穷追不舍的打击。他攻陷了荷兰人的热兰遮城，占领台湾，并遂决定以台湾为基地。十八世纪前半叶，日本剧作家近松门左卫门以郑成功的事迹为题

---

① "国姓爷"是郑成功的别名。

材，写成了净琉璃①《国姓爷合战》。

　　清朝是继明朝之后的又一个统一王朝，清政府强迫人们留辫子，也开始实行科举制度，恢复明朝末年已被废除的海禁政策。然而，反清的中国人以"唐人"自称，仍继续前来日本进行贸易，不久贸易额还超过了荷兰人。此外，流亡到日本的明朝遗民中，有人把高水准的中国文化传到了日本。其中一位便是朱舜水，他得到水户藩主德川光圀的任用，建造了后乐园，并在水户藩的重点项目彰考馆编纂的《大日本史》中指导整理有关礼仪的书籍与资料。

对马、萨摩、松前　　对马藩在釜山倭馆进行贸易，从对马输入的有黑角（水牛角）、苏木、胡椒之类的东南亚物产，以及铜、锡等矿产；人们从朝鲜买入米、木棉、人参，同时也互赠工艺品。在外交方面，由于藩主宗氏与其重臣，同时也是将军家光亲戚的柳川氏之间发生了纷争，结果柳川方受到将军家光的处罚，宗氏的主权得到保障。在贸易中，朝鲜称德川将军为"国王"，日本则将德川称"国主"。这时，一件伪造国家文书的事件被揭发出来，对马藩趁

---

①净琉璃，日本独有的木偶戏，是日本四种古典戏剧形式之一。其余还有歌舞伎、能戏和狂言。

琉球使节的队伍（内阁文库藏"宝永七年寅十一月十八日琉球中山王二使者登城队列"）

机与朝鲜合谋，竟然将"国王"一词写成了"对马藩"。于是，幕府在对马设置"以酊庵"，管理与朝鲜国之间的往来文书，文书皆是以称将军为"日本国大君"开始的。这样，每逢新一代将军就任，对马藩主便会陪同朝鲜通信使前来访问，这种交流成了一种模式而固定下来。釜山的倭馆钻朝鲜规章制度的空子，将获得的有关亚洲情报提交给幕府。

　　萨摩藩不干涉琉球国的固有文化，甚至在中国使节到访

琉球时，会让萨摩藩常驻的琉球官员从那霸迁移到乡间藏起来，以掩盖萨摩藩与琉球的关系。另一方面，要求琉球国王及主要官员即将就任时，必须得到岛津氏的许可。一六三六年（宽永十三年）开始，要求把琉球"国王"改为"国司"。这个时期，萨摩藩丈量了除琉球以外的土地，依据八至九万石稻米的预估产量，命其缴纳年贡米及贡纳品。

然而，琉球虽然不断吸收中国及日本文化，但自我意识却在不断高涨。一六五〇年（庆安三年），他们写出了第一部琉球王国的正史《中山世鉴》，作者的中国名字是向象贤，日本名字是羽地朝秀。他从十六岁开始便跟随来到琉球的儒学家泊如竹学习，三十四岁时接受国王尚质[①]之命，开始撰写此书。全书共五卷，卷首有总论，序言中采用日本历法，以日文记述。作者虽然接受琉球被岛津氏统治的现实，却立足琉球与日本同祖论。书的主体部分是根据琉球的历史，来构想琉球的未来。书中讲述了琉球从开天辟地的神话，直到十六世纪中叶的历史，并参照了金石文及中国的史书、日本的军记物语等，主张琉球王国应该独立发展，对后来的琉球史书产生了深远影响。

松前氏在松前建起了福山城，虽然这里并非让将军安堵的所领，但一六三四年家光上洛时，松前氏以一万石大名的身份随行其后。一六四〇年，他用武力镇压奋力反抗的岛小牧阿伊努酋长赫那胡奇，把渡岛半岛之上的西在、东在确立为"和人地"，即日本本土人的领地。其面积之广，非本州任何其他藩所能比。松前氏管辖着约八十处村庄中从事渔业、林业、耕作的居民，将其全部作为农户实行管理。

---

① 1654 年清顺治皇帝封琉球王为尚质王。

与"和人地"相互隔离的广阔的世界被称为"虾夷地",在那里围绕自然与人的关系,以及从事再生产的方式,形成了一种独特的文化。阿伊努人以平均只有五至七户人家的一系列小村落的形式,散布于河川流域。由一名"族长"带领,再由一名"总领"来统管这些部族,构成部族集团。松前氏没有武士身份,没有封地,却被公许从事商业活动,在其范围内与阿伊努人进行交易以维持生活。松前氏从日本人居住区带来了米、棉花、酒、碗、镰刀等,阿伊努人则提供鲑鱼、鲱鱼、鳕鱼、海带及鱼油。虾夷地的阿伊努人和沿海州(山丹地方)的阿伊努人会与中国人进行山丹贸易[①]。他们买进称为"虾夷锦"的中国产品作为权威的标志,可见交易已经十分成熟。但是,与日本大和民族之间的贸易,常常分量不足或受到各种干涉,苦不堪言。与此对抗中,由数个部族组成的阿伊努社会,衍生出一种民族社会那样的政治上的统一特性来。

---

①山丹贸易,日本东北地方的沿海地区住民通过桦太(库页岛),与中国清代东北黑龙江流域的原始居民展开的贸易。中国生产的丝绸制品与玉器还被贩运到江户,深受青睐。

第二章　幕藩体制下的社会与文化

农村的实地调查模样（摘自《老农夜话》，泷泽芳男氏藏，群马县立历史博物馆保管）

1. 农民的增加与村镇之间的交流

提高农民生存的法律保障

实现太平之世与让百姓安居乐业的承诺，犹如甘霖，然而这遥不可及得如同天外之声，其承诺只是在统治者与被统治者、上下阶级之间的周而复始的对抗中渐渐形成。即便岛原天草之外的地区，在实际的统治与生活中，苛政与灾难随处可见，正如岛原天草一揆那样，导致了两个大名家族的灭亡。天下百姓已经得到幕府对太平社会与安居乐业的承诺，这是任何人都无法漠视的。一方面，百姓受到统一权力的制约；另一方面，又强化了公法的立场，按照法律来杜绝随意处事的现象，提高了保障民众生存的法律权威。

人们住在农村、渔村和都市之中，大部分以农民的身份登记在册，居住在三都（江户、京都、大坂）及城下町①的商人、工匠则是町人。身份指与家族家业相对应的地位，通常以家族为单位。农民、町人的身份是男性户主或寡妇被公认的身份。身份并非一生不变，如果把祖业转让出去的话，就会成为农民，隐居乡野。不管个性如何刚烈，只要不是户主，不过是个农家小子。有丈夫，勤奋地从事农耕、家务、养育子女的女性，就是一个农妇。如果是被休掉的妻子，为使其能顺利再婚，会给她一封称为"三行半"②的休书。也有从夫家逃进缘切寺③或当地名门的。从事被歧视职业的人，其家庭与身份也同样受人歧视。至于统治者的身份，在大名家族中，父子可获得官位，也有女性获得高位的，至于大部分武士则与农民、町人的地位大致相同。

绝大部分的家庭是由五到八人的夫妇、父母、子女组成的小家庭。上层阶级有奴仆和从属的家族成员，人数会多一些。在这种情况下，作为中心的是一夫一妻的小家庭模式。

---

①城下町，在领主居所周围发展起来的聚落、市集。日本的町还有港口町、驿站町、神社寺庙门前町等。
②中国的《大戴礼记》记有休妻的七个条件，如不孝、无后、恶疾、淫乱等。七个条件的一半就是三个半，因此日本的休书叫"三行半"。
③缘切寺，江户时代，妇女因不堪家暴等原因，逃进镰仓东庆寺等尼寺，便可获得法律保护，获得再婚的自由。

户主为男性,由家中有名望的亲戚推举,并得到村惣百姓寄合[①]认可。但制度规定,要将户主的名字登记在政府的花名册中,广义而言,幕府就是众人的领主。

地位上升的农民 十六世纪后半叶至十七世纪初的江户初期,日本进行了多次规模不同的土地丈量。事实上,农民的米谷收成,代表着土地拥有者的生产能力,他们被登记为村庄共同体中以农耕为唯一生计的农民。农民主要从事耕作,小户农民同时也干些赚钱的营生以补贴家用。他们生活的领国有城堡,四周是宽阔的武士府第,同时还有从事和服生意、木材买卖的商人聚居区,形成了城镇。此外,在乡村和城镇中还有很多没有得到承认的农民、市民的家庭。奴仆靠着不同的手艺赚取工钱来维生。从事被歧视职业者的人,也在乡村城镇边缘地带结成共同体而居住下来。

近世初期,任何地方都有历史悠久的世家,还有战国末期移居此地的乡村草创者,他们被称为开拓农民,是有家世渊源的农民世家。由于是世家或武工回乡务农的关系,他们得到领主授予的"在乡武士"的身份,拥有"称姓带刀"、谒

---

① 惣百姓寄合,乡村农民自治团体。

见领主的特权。新来的人想要进入某个领地从事开发、建筑住宅，要为当地家世渊源的农户服劳役，缴纳年贡，负担筑城及河流工程。这些负担每每成为重大压力，因此有些富裕的农户为了减轻自己的负担，解放了从属他们的农民。

下野国（今枥木县）河内郡西汗村，石滨玄蕃等十一户农民拥有耕地。然而从一六二〇年（元和六年）起，宇都宫城主本多正纯要他们负担修筑城堡的繁重工程。于是，农户们为了减轻负担，把田地分配给从属他们的"家来"（仆从），把农户的数目增至三十五户。由每户派出劳力，平均分担农活，大家都显得十分体面。新农户被称为小农户，上下关系依然存在，他们总算是晋身为自立门户的农民了。

然而，一旦成为农户，就会萌生出让自己的地位再往上升的志向。过了三十余年，到了十七世纪中叶的庆安年间，小农户对分摊劳役的做法表示不满，因为是以户为单位来平均负担劳役，他们与原来拥有大量田地的十一户农民的负担一样。他们主张按照耕地产量的多寡来分摊劳役。如果能够实现的话，农户的负担会变得更公平。这样，农民负担的体力劳动会整体减轻，以金钱缴纳的现象增多，"助乡"这样的村庄成了乡村中心，官营驿站出现马匹和人力不够时，由指定的"助乡"负责提供支援。

虽然各地情况不同,但都会有由"从属农民"上升为农户的,结果引起整个十七世纪农户的增加。这种现象包括次男、三男的分家在内,所谓"小农户自立门户"的现象进一步发展。不久,小农户、中农户的户数占到了最大比例,大农户成为少数。仍有许多乡村存在少数没有收成的贫农和未被解放的"从属农民"家庭。

然而,普通农夫为了安居,不光是在村中争取权益,也有人逃离乡村,成为流民以示反抗。农民不提出报告而擅自迁移到别处,对于领主是一种威胁,会被追踪而遭到遣返。各地的城乡、矿山都需要按日付薪的脚夫、开垦新田的劳力以及开凿山岩的劳工,很多逃亡者都在这些地方找到了立足之地。农村内部的动荡力量与逃亡村外的力量形成一股合力,形成了近世的农村样态。但与此同时,领主对那些从别的领地流入的人都抱有戒心,再加上当地居民对安居乐业的渴望,一起加重了拒绝来历不明的可疑之人的社会风气。

新开垦土地与过量开发　村庄虽然是从战国时期继承下来的,却出现了小农户增加的现象,这是由于进入近世之后,人们会到新的地方去获得生活空间,各地都在开垦新田。古村的人们也是靠着一锄一锄的开垦而扩大了新田。有权势的人出资建设贮水池、灌溉渠道，开垦近邻的可耕地。大名必须要以自主独立的财政来维持藩运营，他们为增加领地内的耕地而费尽心机。那些没有矿产和林业的藩，年贡米则是主要收入的来源。

津藩在伊势国与伊贺国拥有领地，十七世纪中叶的庆安年间，藩主下令各处农村开垦新田；还下令调查，如果能开凿出灌溉渠从远方引水的话，何地可以开垦水田？何地水池附近可否开垦新田？而在无水可供灌溉的地方，哪些可以开成旱地？另外，面积只有五六亩的狭小土地，是否也可开发利用？而位于海湾岸边，领地内有河流、未开垦的长满荒草的平地的藩，便可征遣农民进行河流改道及填海造地，让江户、大坂的商人前来承包，由此，开始了大规模的新田开发工程。

赞岐高松藩（今香川县）开始重建满浓池，还开辟了许多灌溉用的贮水池。十七世纪中叶，奉行西岛八兵卫改挖香东川的河道，他曾在津藩完成了十三公里长的云出井土地改良水渠工程，覆盖十三个村庄，五百九十五公顷的土地得到灌溉。十七世纪后半叶的宽文年间，甲斐国（今山梨县）的甲府藩为了增加新田，让江户深川的商人德岛兵左卫门承包了灌溉御敕使川扇状地带的堰堤工程。几乎同时，下野国（今栃木县）的宇都宫藩，也让江户町人承包了荒野开发，打算增加新田。江户商人友野与右卫门等出面策划，筹集资金，将箱根芦湖的湖水引进较低处的黄濑川，以增加水量作为灌溉之用。这项工程也是始于十七世纪。

大规模的开垦全都属于基础建设项目，每一片水田都是由村民及外来移民一锄一锄开垦出来的。也有领主为了奖励开垦，贷款给村民建房、购买肥料和农具，并定下数年内免收年贡的条件。这样，在丰臣秀吉开始进行全国规模的农地丈量时，全国约有一百五十万公顷的耕地，而截止到十八世纪前半叶，耕地已经增至大约二百九十七万公顷，同一时期的人口也从一千六百万左右增至三千万左右，其中一大半是小家庭的小农户。

然而，这个时期看似高度发展的新开垦土地的项目，由于急于求成和过度的开垦，对环境造成了影响，甚至在许多地区引发灾害。备后国福山（今广岛县福山市）的草户千轩町遗迹，以中世的门前集场町形成的遗迹而闻名全国。但是，却被埋在了芦田川河底。其原因是福山藩订出计划，以江户町人的资本来加固流经城下河流的堤岸。福山藩公仪压制那些曾经指出工程具有危险性的声音，强行施工，结果宽文年间的一场大雨，洪水把城镇掩埋到了河底。

也出现了像冈山藩的熊泽蕃山那样，严厉批判开垦新田的有识之士。面对这种情况，幕府于一六六六年（宽文六年），颁布了"觉 山川掟"[1]三条要领，下令幕府所有或天皇直辖土地的地方官员，必须执行新开垦土地的规则，为了预防水土流失，必须植树造林。

城市、乡村、港口的交流

新村落多出现在乡下（农村、山村、渔村），以江户、大坂、京都三都为首的各地城下町，以及由港口发展而成的城镇，它们之间会互相交流。

十七世纪末，在东海地方的上层农民所著的农书《百姓传记》中，有关于理想村落的描绘：有水源、良田及山野，生活中能够顺畅地排水、满足农田灌溉，还有道路宽广，近邻有繁华的城市，能供应不能自给的物品，将城市居民的排泄物运来做肥料等，这些都是重要的条件。此外，书中还进一步指出，在近海可捕到鱼类，获取作为肥料的海藻也很重要。农村可向城镇提供谷物、蔬菜，渔村则向人们提供盐、鲱鱼干，山林提供薪炭、木材，这样就能互通有无，相互交换生活必

---

[1] "觉 山川掟"，山川规划备忘。

需品，各自的生产活动可以支撑基本生活，维持生计。要实现这种城镇、乡村、渔村、山村的交流，必须扩充陆路及海路的物流网，尤其是运输大批量货物的航运及海运网。

河村瑞贤站在幕府御用商人的立场上，活跃于航运业。河村瑞贤是伊势国宫川村的贫农之子，年轻时在经商方面崭露头角，并在为幕府把贡米从直属领地运往江户的过程中获得了很高的威望。后来，在十七世纪后半叶，他又通过精密的实地调查，经过一条向西绕行的航道，安全地将稻米从出羽国（今山形县），经由下关、大坂，再运往江户。他还开辟出从奥州信夫郡（今属福岛县）出发，绕过安房（今千叶县）进入江户湾，向东绕行的航道。他还在大坂淀川开辟了新安治川，并建筑起防波丘，奠定了大坂在江户时代的重要地位。另外，他还整治畿内地区河流的水势均衡，开发藩领内的灌溉渠、港口，以及矿山。

河村瑞贤的事业代表了江户时代物流的基本理念。日本列岛的地形是中间由火山山脉形成南北走向的山脊，两边有像肋骨似的高低不一的山岭余脉伸向日本海和太平洋，其间的山谷有由雨水形成的急流一直流进大海。在这样的地势中要实现物品的流通，须沿河筑起漫长的堤岸，用浅底的河船运送来两岸乡村的大量稻米、杂粮、加工品等，船到达河口的港湾后，再将货物汇集起来。贩卖这些产品的同时，又要将沿海运送货物与旅客的船只的航线向西、向东绕道。这种大型木造运输船被称为"千石船"，无比活跃，满足了江户、大坂的需求，形成了一张便利的物流网。

在这种条件下，由许多一夫一妻的小农户家庭构成的农村纷纷成熟起来，村庄中诞生了独特的风俗习惯、成文的法规（村法）。农村的男男女女，拥有着零星分布于冲积平原上的农田，这些零碎的小片土地相互交错，在共用山野及灌溉渠的环境中，主要采取集约种植水稻的方式来进行耕作。为了农村的营运，以农民组成的自治体为中心，出现了按照年龄划分的"青年组"、按照信仰划分的"庚申讲""伊势讲"[①]以及金融信贷的"赖母子讲"（"无尽讲"）[②]等互助组织。对外则结成了各个农村联合用水、共用山林的组织。流动于各农村来照顾牛马的牲畜倌商、修理农具的工匠等，也成为生活中不可或缺的存在。

---

①庚申讲，庚申日的晚上为祭祀青面金刚而组织的彻夜不眠、谨慎言行的活动。伊势讲，为参拜伊势神宫而结成的团体。
②赖母子讲，即无尽讲，一种互助式的融资金融组织，成员之间缴纳资金，按照抽签来决定接受贷款的顺序。

2. 从武断到文治

标奇立异者与浪人的暴乱计划

水野十郎左卫门本是三千石俸禄的名门"旗本",却称病不到江户城赴任,他率领着一帮身着奇装异服的手下"大小神祇组",佩带着大小两把剑招摇过市、横行无忌,与市井之中的游侠之徒相互争斗。"大小神祇组"杀掉了前来水野宅邸访问的游侠头目幡随院长兵卫,还利用武士的特权杀害那些对他们"无礼"的町人,而没有受到追究。水野无法无天的行为持续不断,幕府于一六六四年(宽永四年)下令,将水野交给他母亲娘家大名蜂须贺家族监管。水野披头散发、不穿裙裤,只穿一身白衣前往江户城自首。他的行为被视为大不敬,将军命令他切腹自杀。

水野所杀的幡随院长兵卫,其父是肥前国(今佐贺县)唐津寺泽家族的武士。寺泽家族在岛原天草一揆后灭亡,其父成了浪人，在流浪中死去。长兵卫被江户町人养大。据说，他先是受雇于武士，后来成了游侠义士集团的首脑。长兵卫被水野杀害，是因为他强行要求水野去游山，两人发生争执，而导致一场血案。出道后的长兵卫不惧怕武士，显示出江户町人的豪侠之气，从十八世纪中期起，他的事迹就被编写成歌舞伎及人形净琉璃。

直至十七世纪中叶，标新立异的"倾奇者"盛行一时，显现出了兵农分离而导致的社会变迁。武士与农工商的分化，同时，新的社会秩序得以建立。这是在社会变迁的过程中，人们的反抗情绪爆发出来形成的现象。在旗本的喽啰与市井侠客集团的最底层中，有一群被排挤在社会秩序以外，没有主君的浪人、流浪者、异乡人、武士仆人，其中出现了一些爱打扮、追求时髦的男子，这些标奇立异者在江户、大坂的闹市中格外引人注目，他们也出现在地方的城下町的市井之中，受到了藩的限制。

武士们不习惯于有秩序的社会，是因为他们是靠着战绩而获得功名的，由于忠义节操的奉献而得到恩赏。武士们的夙愿就是要得到自己的封地，将财富留给子孙。他们即便不属于标奇立异者，大多数人也经历过元龟天正时代，都对偃武秩序及个人处境怀有不满，落后于时代潮流。大坂之役后，藤堂高虎的家臣渡边勘兵卫背弃主君，训练追捕杀手，武装家兵，离开藤堂而去。大名佐仓藩主堀田正信也是这样的人，他在一六六〇年由于没有获得幕府批准便擅自回到自己的藩，而被没收了领地和俸禄，贬为平民。

属于这类传统武士的"旗本"大久保彦左卫门，出生于一五六〇年（永禄三年），父亲是三河国德川家族的"谱代"家臣。大久保十七岁那年第一次出征，其后屡次参战立功，在大坂之役中担任了长矛队队长。一六三二年（宽永九年），被任命为军旗奉行，得二千石俸禄。他于六十岁时写成自传《三河物语》，述说辅佐家康成就霸业的功臣大久保家族的不幸遭遇，批判善于见风使舵者却备受重视的现实，尖锐地讽刺岛原天草一揆时幕府的用兵及论功行赏的做法。他展示出战国遗风，后来流传的讲谈中有他的逸事。

关原之役后，许多大名被罢免，因封地削减而沦为浪人，他们无法成为农工商业者，仍然希望得到官职，却偏偏日益潦倒，他们心中的愤懑不平是不言而喻的。由比正雪就是这样一位挑战梦想的浪人，最后落得身败名裂，死于非命。由比正雪的一生具有传奇色彩，他出身骏河国（今静冈县），在江户讲授军事学，研究用兵、战法、战略的学问，由他还衍生出了甲州派、北条派、山鹿派等诸多流派。这些虽是以理论为主的学问，但在西洋军事学的时代之前，一直被广泛学习。幕府第三代将军家光逝世后、新的将军就职前的一六五一年（庆安四年）七月，由比正雪因被浪人丸桥忠弥告发而被捕。以正雪为主谋的团伙，企图占领骏府城，在江户、京都及大坂举兵谋反。正雪在骏府的旅舍被包围，饮刃自尽，六十多名浪人的父母、妻子也被判死罪（"庆安事件"）。在此之前，三河国的刈谷藩主松平定政，因批评公仪，最后遁入佛门，成为在家修行之人，在江户的大街小巷托钵化缘。"庆安事件"后的第二年，又有人揭发了浪人企图发动骚乱的计划（"承应事件"）。

禁止殉死　　第三代将军德川家光与侧室阿乐所生的长子家纲，在刚刚蓄起前发的十一岁时，便继任了将军之位。但他自幼体弱多病，对酒井忠胜、忠清等重臣言听计从，有"一切照办将军"之称。然而他在执政期间解决了宽永饥馑、摧毁庆安浪人谋反计划，从而建立起了近世政治及社会体制。

"庆安事件"之后，为了防止大名无嗣家族灭绝，而造成浪人的增加，幕府便放松了禁止武士在临终前收养子的法令。大名分家，也可创建支藩，想方设法防止大名因无嗣而家族灭绝。一六五七年（明历三年）的"振袖火灾"①之后，决定不再重建象征将军威望的江户城天守阁，也是为了避免由于大名担任过于重要的副职而引起反抗。此外，以明历大火为契机，当局对大江户城区进行了大规模改造，将八百零八个街区连成一片，建立消防警备队②，设立防火隔离空地。

从武断到文治的变化，是从武力、武威的统治转换为法律、制度、礼仪、教化的统治，但这必须将中世武士改造成近世武士，为实现这一目标严惩不可缺少。一六六三年（宽文三年），幕府禁止在主君逝世后切腹殉死——殉死是以深厚的人格依附关系为依据的，比幕藩体制所依靠的身份制度更为落后于时代，容易动摇幕藩体制，使其难以持久。

此外，幕府为了展示出统治全国的权威，同时对全国的大名、公卿贵族、寺院神社，颁发了画有花押的文书，盖有将军朱印的公文（《宽文印知》），承认其领有并统治的土地。同时，废除了将重臣的子弟留在江户藩邸中的"证人制"。这些政策在不断修订后，付诸实践。在这种情况下，重视合议制以及由专人负责的制度，让社会转变成了运用规则来推行

---

①振袖火灾，亦称明历大火。明历三年一月十八至十九日，烧掉了大半个江户城。因举行除恶鬼法事，焚烧振袖和服引起，这场火灾共烧死了十万人。
②每个警备队由骑士六名、巡警三十名、消防队员若干组成。

的官僚制统治。在这背后，社会从畏惧神威的风气转变为了选择法威，即法治力量的精神。但是，这种法治仍是与身份制及世袭制联系在一起的，并非在民生政治之中锤炼出来的。

这个时期，也正是十七世纪六十年代开始的宽文至延宝年间。绕行东西航道的商品流通网也已经完备起来，作为社会经济基石的近世乡村的实力也更加雄厚。在幕府统治下，推行放弃基督教、皈依佛门的制度，除了在自己的直辖领地内，也在全国大名的领地内得到推行，目的是要铲除被断定为扰乱秩序的民众信仰与集团活动。

剖腹殉死事件与净瑠璃坂的仇讨[①]

要制止受当事人的心情及四周压力影响的殉死，必须要有严厉的政治制裁。因此，幕府下令严惩违反者。一六六八年（宽文八年），下野宇都宫藩主奥平忠昌逝世当天，宠臣杉浦右卫门兵卫被忠昌的嫡子昌能诘问："事到如今，还想苟活下去吗？"杉浦当场剖腹。幕府视此举为挑战禁令，将昌能的俸禄减少二万石，并转封到别的地方，殉死的杉浦的继承人也被处以斩刑。

---

①仇讨，亲手杀掉对方来报仇。——编者注

此外，到了奥平忠昌逝世后的第十四天，奥平内藏介因出席法会迟到，而被奥平隼人斥责为"怯懦"。奥平内藏介为了维护武士的面子而砍杀隼人。此事件与一六三四年（宽永十一年）的荒木又右卫门伊贺越仇讨事件极为相似。内藏介在与隼人厮杀后，自己饮刃自尽，家人也遭永久驱逐。他的家人认为此裁决偏袒、不公平而做出反击，拥戴内藏介遗子转居宇都宫，一六七二年（宽文十二年），他们集体袭击了潜伏在江户武士邸宅中的仇敌七十余名。

太平之世的"忠"——近世武士的理想

随着太平盛世的出现，必须将武士从"战士"改造为"役人"。直至战国时期，武士都只是结束战乱、维持自律、侍奉主君的集团，但此时必须将其变成支撑主君的行政组织。十七世纪中叶之后的大名，都在致力于解决这个问题，转变成功的大名被称为"名君"。

池田光政堪称大名的代表，其祖父是人称"姬路宰相"、禄米百万石的池田辉政。光政出生于一六〇九年（庆长十四年），父亲名叫利隆，母亲是将军秀忠的养女鹤子（榊原康政之女）。光政是家族嫡子，名字中的"光"字是将军德川家光所赐，但他自己却常以"新太郎"自称。光政八岁时就成了鸟取藩的藩主，一六三二年（宽永九年），冈山城主池田忠雄逝世时，他受命转封到俸禄几乎高达三十一万石的冈山。池田光政从二十四岁到六十四岁（一六七二年）的四十年

池田光政画像（冈山市，林原美术馆藏）

间，一直统领着藩的政务，七十四岁那年（一六八二年）开始隐居，但仍然影响着第二代藩主池田纲政。

光政在《明君录》中留下了许多逸闻，有的虽然是夸大其词，但也基本属实，他所建立的传统，在后世也不断被发扬光大。光政留下了关于近世政治的理念、明君风范的名言，他巧妙地说明了将军与大名、家臣，以及平民的关系。如："将军拜受上天之委托，管理日本全国民众。藩主则受将军之命来管理一国之民。家老[①]和武士则协助其主君，使人民安居乐业。"

这番名言是光政与家臣们一同在激烈的斗争中领悟出来

---

①家老，江户时代大名手下的重臣，统领藩武士，总管一国政务，其地位代代世袭罔替。

的。一六五四年（承应三年），备前国（今冈山县）发生大洪水，面临着危机，家臣及民众都备受打击。在全藩同心协力的复兴过程中，有些家臣只顾自己一家的安泰，墨守传统的武士价值观，只知在主君马前舞枪弄刀是生命的价值。在以平民百姓为基本而展开的藩政工作中，藩主要让家臣克服无法理解的重重难关，家臣们往往会固执地抵抗藩主的做法。光政以严厉的言辞不断对他们进行教诲，不厌其烦地告诫他们，应转变态度，要从"乱世之忠"转变为守护平民百姓的"太平之忠"。这样一番苦心，是以藩法为立足点的大名们必须推行的，它便成为一种维持藩和国家性格的力量。

近世武士与武威　　紧接兵农分离之后，要将武士从"战士"转变为"役人"，这是时代的课题，民政的实际内容也被引导到这个方向上来了。然而，幕藩体制诞生于战争中，要将军事机构转换为行政机构十分艰难。武士自幼就开始练习枪剑武艺，日常生活中要佩带长短两把武士刀，武士刀渐渐从战场的武器变成了身份的标志，但还会应对一些情况，必要时用来斩杀无礼冒犯者，或用于报仇雪恨，以保全武士的身份与颜面，遇到这种情况时必须敢作敢当，也有用来剖腹结束自己生命的。武士刀必须经常磨得十分锋利，重武的武士之风始终挥之不去。在这一方面，仍然保留着武士的"战士"性质。

从这个意义上而言，近世的武士在对自己的认识之中，常常会萦绕着被撕裂的矛盾。《叶隐》（即《叶隐闻书》《叶隐集》《锅岛论语》），是肥前国（今佐贺县、长崎县一带）锅岛氏的家臣山本常朝在藩主光茂逝世后，以出家的方式代替剖腹殉死后论述的武士心得，他的弟子田代阵基在此基础上，将一七一〇年（宝永七年）以后从历代藩主、战国武士那里听到的话语，按闻书①形式而写成的一部修养书。"云武士道者，当面对死亡之事"，这句批评儒教政治的武士道论，蕴含了梦幻、无常观为根本的舍身，表里如一地执行职务的理想。

在这种精神状态下，池田光政提出"太平之忠"的近世的"士"，却没有使用"武士"一词——他从正面去应对这一艰难的事业。尽管武士们内心还留存着矛盾，但他们的变化也在与日俱增。贯穿着近乎极端的尚武意识的《叶隐》一书，在佐贺藩被视为禁书，不得公开。

---

①闻书，原指平安时代以来，以天皇的名义编选的官员任命名单与公文。

第二章　幕藩体制下的社会与文化

来自领主的救济与百姓阶层的成长

池田光政以备前国的大洪水为契机，开始热心推行两项政策。其一是救济当前面临饥饿的众人，为复兴领地内的经济力量，强化百姓的耕作经营、年贡缴纳，为有效地实行救济奠定基础。其二是设置进谏箱，士农工商不论何种身份，皆可提出"直诉状"，表达自己的不同意见。

冈山藩在光政父亲利隆的时代也颁发过"百姓申渡觉"，这与家康的直接呈交状纸相似，准许农户向公仪（利隆）提交状纸。光政则更进一步撤销了限制，容许任何人都可以直接呈交上诉状。对农民百姓而言，直接告状得到了认可；对光政而言，允许不同意见都可向藩主进谏，希望这样的办法有益于藩政。

光政热心于实现农民的安居乐业，以可持续的自主经营为当时社会的整体方针，以"农民百姓的成长"为目标。同时，这不单为了发展经济，也是为了培养出理想的"领民"——光政对他们的思想控制不遗余力。他主要以儒家的道德为中心，表彰善男信女，对年长者给予恩惠，创建学校，推行领民的教化。同时，对于领民的信仰，管制得比幕府更偏激且狭隘，以此来控制民心。

光政从神道与儒学合一的立场，强迫僧侣还俗，并把被取缔的日莲宗的"不受不施派"驱逐出境；捣毁或拆除了超过一万个祭祀作祟的粗暴之神、狐狸降下灾害的小型"淫祠"，建设得到京都吉田家族承认的寄宫[①]。此外，由于幕府要求天主教徒改变宗教信仰，为了证明自己并非天主教徒，在神社里要举行神道讲座。从幕府的角度来看，这是偏离了正轨的做法，但改变宗教信仰的活动之所以能呈现出全国性的势头，正是因为有了光政这样的大名，他们跟随幕府，对天主教徒提起公诉的目的才能得以实现。

池田光政的做法，导致了以调和神道和佛教为前提的寺檀制[②]之下的信仰改变，也引起了公仪的怀疑，也导致领地内反抗情绪的爆发。一六六七年（宽文七年），幕府的巡察使来到光政的领地内巡视，备前国的津高郡一带的农户，准备了告发光政有关信仰和年贡等问题的诉讼状纸，直接上告到幕府。

各地的大名要培养出"强有力的农户"，使他们心满意足，以促成藩的稳定。但是，百姓作为"循规蹈矩的农民"，组成小家庭，传宗接代，以容易到手的富裕与高贵的社会地位作

[①] 寄宫，指合祀神社，将两位以上的神或灵，同时供奉在同一家神社里。
[②] 寺檀制，规定寺院"檀家"（施主）关系的宗教制度。这种关系是建立在寺院包揽施主的葬祭供养条件之上的。寺檀制是江户幕府宗教政策的产物。

为幸福的目标。大名与百姓的愿望虽然背道而驰，但从维持农户生计的角度来看，两者利害得失又是一致的。

翌年，光政写了一篇批评幕府的异见书，提交幕府大老酒井忠清。其中指出，现在虽然没有背叛将军的大名，但是如果发生饥荒，农民与其饿死，不如发起暴动，揭竿而起的话，就会有大名乘机而动。光政强调，为了防止这种情况出现，就必须让农民免受苦难。光政还批评了其他问题，而且不断地提出应竭尽全力去应付现状，以创造出一种领主救济政治的理想模式。承应洪水后，很多藩官员都是这样理解的，满足灾民的需求正是藩主的意思。但光政批判说，无条件的救济会有损勤劳之风，于是下令要经筛选后才能施予救济。此外，光政的理想是，农民百姓是耕种天下田地的人，要将收获的四成归农民，其余的六成上缴领主，这种分配方式才可以持续下去。

3. 公仪与民间社会

士农工商与身份的转变

这个时代的人们都认为，身份区别及其世袭与人伦相对照，是理所当然的，而且这样的架构对于维持社会秩序也是必要的。在整个江户时代，身份制度的改变反复出现，不断有人提出提高身份的主张，却没有出现废除身份的运动。个人与集团、阶级都不能摆脱建立在身份之上的优越感或屈辱感。不论身份高低，人人都渴望摆脱自己所属的身份，晋升到更高层次的位置。

源自战国时期本乡武士的有家族渊源的上层农户，都希望能晋升为武士身份，同时又想压制身份比自己低的人往上爬。因为身份就等于门第，门第则是与家庭职业、保障家业的权利和威望联系在一起的。这种渴望真实而殷切。由它所导致的许多诉讼与纷争，都是由身份的晋升、代表武士身份的礼服穿着规定、屋脊两端的人字形装饰墙等引起的，都与门第标识有关。

另一方面，这类争端发生得越多，想让身份制固定下来的力量就越强，心中描摹出理想身份的人格形象，朝这个目标不断努力的人也就越多。在这种情况下，当局将中国自古以来区分天下万民的"士农工商"一词，用战国时期日本人的语感去理解并传承下来，且深深地固定于江户时代的社会之中。

近世身份制的基础是在战国时期不断发展的武士的职业化，使其与农民身份区别开来，即"兵农分离"，这种区别日益朝着彻底的方向发展。在日本的中世社会（十二世纪末至十六世纪末）产生的不同职业与职业观互相重叠，从而产生了近世的身份制度。

当地有势力的人想上升为武士身份，其中，就像美浓国（今岐阜县）长良的中岛两以那样，虽然晋升为武士，但却选择去当一名木材商人。事实上，身份受到来自乡镇的村长及职业集团的头领两方的控制，还有一种是只限于一代的身份，然而在吃得起大米的社会中上层人当中，这样的人数量相当多，而对此抱着期望的中下层人也不在少数。这样的社会被称为"米社会"。由此可见，拥有世袭身份的人掌握着权力，为了让这种权力继承下去而煞费苦心,而拥有只限于一代的身份的人,都渴望可以晋升为世袭永续的身份。近世社会中充斥着世袭身份制的内在实质。

"士农工商"一词,并不符合日本社会的实际状况,即"士"是统治者,而"农工商"则是被统治者。尽管如此,"士农工商""四民"等词语仍然被频繁使用,虽然罕有出现在大名的公告文书之中,但民间有识之士却常常将其用于自己的论著中。在这些场合下,"士农工商"并无尊卑的差别,而只是一种家族职业的横向区分。武士的武器、农民的铁锹、商人的算盘、工匠的工具等,各自象征着"士之道""农之道""商之道""工之道","士农工商"中潜藏着被统治者阶层追求平等的愿望。

身份制度的框架承受着来自上升抱负及祈求稳定的两方面压力而十分牢固。身份具有得到"一家之主"公认的特性,用来维持家族的传承,只要通过当养子、招婿以及娶妻这些渠道,身份的变动仍然是可能的。然而,有一种人的身份是无法改变的,即使通过奋斗或者利用家族关系都是不可能的,那就是与"平民"的"士农工商"相互隔离的"贱民身份"。在近世的日本,原则上禁止人口买卖,地位卑微的贱民集团受制于特殊职业而被固定了身份。

第二章　幕藩体制下的社会与文化

对于这类人身份的称呼因地而异，主要是"秽多""非人"，其余还有"乞胸""发结"等，还有从事各种表演、手艺等边缘职业的身份。贱民之中也有缴纳年贡的人，从这一方面来说，他们也是处于乡村官员的统治之下的。有关贱民的固有职业、劳役负担，由超越了本人居住地的广泛的身份组织来进行管理。

以江户为据点的秽多头目弹左卫门[①]，统管着关东八州与伊豆全部地区，还有甲斐、骏河、陆奥部分地区的贱民集团，并作为全国的"头领"向全国的贱民集团发号施令。他在浅草建有巨宅，称为弹左卫门役所，是一座管理以行刑收尸、皮革生产为主要生计的贱民集团的自治性组织。十八世纪前半期，他与非人头领车善七因辖下的工匠管理和生计权益出现争端而打官司，并获胜。从此，"非人"组织也全部归弹左卫门管理，其组织变得更加强大。

车善七于一六六六年（宽文六年）得到幕府给予的新吉原西南九百坪[②]土地，他建起了容纳手下"非人"的密集的窝棚住宅区，虽然这里也属于弹左卫门，但是他作为"非人"

[①] 弹左卫门公历十三代，均袭用此名。明治以后，其后代改为弹姓。——编者注

[②] 1 坪 =3.33 平方米。

的头领，其威势在品川的松右卫门、深川的善三郎、代代木的久兵卫之上。

组织起来的贱民集团的营生与劳役也由幕府摊派，是一种具有排他性的特权，这成为其共同组织的持续存在的力量。然而，即便是手握强大权力的弹左卫门，也一直对自己的身份抱有一种屈辱感。后来在戊辰战争[①]之际，他向将军德川庆喜上书，请求把自己与身边数十人的"丑名除去"，甘愿成为平民。

在这样看重身份的社会里，身体有残疾的人也被纳入不同的社会集团，艰难度过自己的一生。盲人组成了名为"当道座"的艺能团体，弹奏着琵琶，演唱《平家物语》，此外还有从事针灸、按摩、金融等职业度日的。在市区有祭祀或节日庆典的热闹场所，他们会搭起戏棚演出，收取门票。这些节目包括杂耍、杂技、奇术等，用身体来表演节目。其中有专用身体残障去表演的杂技，或将残障者作为展览品。这些表演活动由江湖艺人的组织来管理。

---

①戊辰战争，1868年至1869年爆发的维新政府军对幕府军的战争。战火从京都一直蔓延到北海道的箱馆（函馆）。维新军获胜，幕府倒台。

村请[①]、町请[②]与民间社会的成立

只要是在封建领主的统治下,农民就会被当作劳力不停地被征用,其特征即是由民间承包领主的各项事业。

乡村村长也成为村请的管理者,武士再没有必要以剑和枪去威吓村民,迫使他们缴纳年贡了,只需将一纸通知公文送到村中,写明年贡分摊数量、全村总产量与应缴纳年贡的总数量,村长就会根据大小农户的收入,按比例分配征收年贡,上缴政府,这就是村请制。这种体制从战国时期就开始逐渐推广,进入近世以后,又成了农村与领主关系的基本形式。农民在检地账[③]、名寄账[④]等各种账簿上是作为个人来登记的,但有关年贡及各种劳役的分摊则以村庄为单位来承担。在实行中,由农村的官员担任征收承办人。因此农民容易对分摊、上缴额度产生疑虑,反抗村官中饱私囊的农村骚乱在各地也时有发生。

许多大规模的开垦工程都是由民间承包的。从羽村汲取

---

①村请,在江户时代,农民开垦新田、耕种无主荒地、缴纳年贡米、承担各种徭役等,都是以村庄为单位、由全体村民共同负担。
②町请,如果要开展水利工程,幕府会让经济实力更强的町人来承包,这就叫"町请"。
③检地账,江户时代,登记幕府和诸侯大名领地丈量结果的账簿。
④名寄账,即花名册。

多摩川的河水，向江户供水的玉川上水，延伸至四谷大木户的明渠就有四十公里长。这是江户町人庄右卫门、清右卫门，与多摩的农民共同开凿的，竣工后他们还承包了水渠的经营管理。有传闻说，最后部分的开凿是由川越藩主松平信纲的家臣安松金右卫门完成的。由此可见，领主权力总是在某种程度上参与着近世的民间承包工程，但在筹集资金、物资，召集手工匠人，负责工程监督，支付完工后的管理及维修经费的功能方面，民间团体的确更有能力。因此，民间承包不断增多，为政者也希望有这样的结果。

就这样，近世的农民阶层的力量越来越雄厚，已不再容许被军队的马蹄践踏那样的暴行出现了，领主的权力和性质也发生了改变。江户幕府在各领地中的代表，即幕府手下的大名，面对着积聚起了深厚力量的农民阶层时，有必要提升民政的技能，派遣专门的官员。在实际的农村管理工作中，有优秀成果的官员被称为"地方能吏"。近世的统治者标榜"仁政"，其推动力是儒家政治思想的渗透，以及农民的斗争。军记物语《太平记续》立足于战国时期以来历史的"武威"之上，上下各阶层的人们都熟读、讲述，其中的主人公楠正成[1]的人物形象塑造了人们对何为仁君的认识,这部小说发挥了不小的作用。

这样的社会以市民社会[2]为目标,但因牢固的身份制度和表达政治诉求的官方渠道过于狭窄,只能称其为"前市民社会"的阶段。其特征是:

第一,以小家族不断发展壮大为主,努力继承祖业。从这一点来看,从统治者身份到被鄙视者的身份都与农工商的身份相似。

第二,以精细的手工业技术为基础,各个行业之间展开了激烈竞争,从而产生了以创建"天下第一"为目标的风气,演艺界还出现了名家表演艺术流派、机关布景装置等。

第三,祖传职业、家业与社会身份相结合,各种不同身份的成员组成了共同体、共同组织,各自聚居。每一个集团都有自己祭祀的神,生活文化的模式日渐成熟。尽管如此,却培育出了涵盖所有身份、职业的日式衣食住的形态与性质,对美丑好恶的感觉和共通的喜好。

---

[1]楠正成(1294—1336),也写作楠木正成,日本南北朝时期的武将,响应后醍醐天皇的号召而举兵,与足利尊氏的室町幕府军展开激战而殉国,被尊称为"大楠公",他所效忠的南朝被皇室奉为正统。
[2]市民社会,指废除了特权与身份制的近代平等社会,此概念来自欧洲启蒙思想。

第四，学问、艺术、艺能的专家，例如学者、画师等开始深入民间生活。出现了许多专属贵族与武士的御用学术、艺能专家，也创造出了学者、演员、画家可以在市井之中生存的条件。民众的读写能力提高，这成为出版、演艺行业得以形成的基本条件。

第五，作为广泛地区的通信、资讯机构，不单有领主的传信运货的从业者"飞脚"（官方信差），市民的邮递业也蓬勃发展起来。不光是在江户、京都及大坂三个大都市，其余的地方城市也开展了这样的业务。由于商业利益及个人兴趣而收集最新的信息，支撑着信息共享的逐渐平等。

第六，在统治中民政范畴提高了独立性。统治发生质变，演变为管理或是行政。于是，必须标榜东亚的共通政治理念"仁政"。拥有民政技术的"地方能吏"不履行统治的实际事务，而是由官僚式的地方官出面处理。他们会提出满是批判现状意见的"献言书"，为治理地方写出清晰详尽的说明。

第七，民间上层承包的开垦与建设项目增多，甚至出现了承包传递领主指令的情况。由此，民间的活力被激发出来。另外，接受订单的竞争、有利可图的项目的私下授受，引发了官员与从业人员双方滥用特权，官民不分，相互勾结的腐败现象。

第二章　幕藩体制下的社会与文化

第八，要求各藩经济自负盈亏，培养各藩领地内管理生产、物流的人才，还催生出了多样化的各藩产品及特产品，这项政策与后来的殖产兴业、专卖政策前后衔接，也加强了各藩与全国市场的联系。同时，地方市场的活力也得到加强，成为促进地方文化发展的基础。

管理羽地[①]与虾夷地社会

虽不属于相同性质的民间社会的延伸，琉球和虾夷地也发生了社会变化。向象贤，原名羽地朝秀，十七世纪后半叶担任摄政，他在推行王府改革的同时，还奖励开垦，计划大量增产糖、甘蔗，推进羽地管理。以期强化农户个人与耕地的关系，朝着将紧密的共同体经济向家庭经济的方向发展转变。

虾夷地的土著居民是阿伊努人，主要依赖与日本本土居民的贸易而生存。大米与鲑鱼的违法交易，本土居民到虾夷地捕鱼等，日益激起了他们的不满和愤怒。一六六九年（宽文九年），以相库相郢为头领，与日本本土人开战——相库相郢是虾夷地五个部族之一，地位次于以静内（今属北海道日

---

①羽地，今属冲绳县名护市的地域，位于日本的最南方，而虾夷地在北海道，日本的最北端。

高支厅管辖的町）为根据地的"东众"。室町时代，"东众"是前来拜谒将军、面朝东方的酋长，由于被西众打败而阵亡，相库相郚便成了部族酋长。

阿伊努人的队伍攻击松前的商船，由于交战中松前使用了铁炮与毒箭，瞬间便胜负已定，松前藩获胜，双方约定讲和。在庆祝宴会上，松前藩毒死了相库相郚和七十四名阿伊努酋长级人物。随后，又为他们严格地划出了隔离居住地区，让其归服松前藩，并订立七条"起请文"（誓文）。交易条件得到改善，处罚了日本本土人和藩武士对阿伊努人的不法行为，这样对阿伊努人有利。阿伊努人的地位从长期以来的异民族，开始变为从属于日本社会。与日本本土之间的物产贸易造成了贫富悬殊，也使其以渔业为主的社会形态固定下来。

4.近世文化成果与劳动文化

从宽永文化到元禄文化

在近世,艺术家,看重祖传家业与自己浓厚兴趣的文人,以及在日常生活中苦心追求实用、又具有雅趣和美感的工匠,这三个阶层成为文化的创造者。其中,宽永文化是指以十七世纪二十年代为中心的艺术倾向,这一时期出现了以庭园、书院、茶室而闻名的京都桂离宫,还有以古木、大树等与"权现造"① 建筑风格协调的日光东照宫等各式各样的建筑。其核心是京都上层商人以复兴传统文化为目标的清新的文化风格。

本阿弥光悦便是其中的代表人物,他是打磨、保养刀剑以及文物鉴定人而兴隆起来的上层商人本阿弥家族的分家,

---

①权现造,神社建筑格式,正殿采用寺院建筑式样,多雕刻。

母亲是第七代光心的女儿妙秀。一六一五年（元和元年），德川家康授予他鹰峰之地（京都市北区），全体家族与众多的工匠都迁往此处居住，并设立了从事艺术活动的光悦村。除了刀剑的祖业之外，本阿弥光悦还以将文字形态变得潇洒，具有个性的书法而闻名，他还在其他艺术家的画稿与版画的刻木板的草稿上挥毫，以书法家的身份大显身手。他制作了陶器乐茶碗①、樵夫莳绘②砚盒等使用描金画的作品，留下许多充满个性的艺术品。

这段太平盛世时期，人们在生活中对茶道的兴趣刺激了陶瓷器的生产，西部各藩都出现了新的陶瓷烧制作坊。肥前佐贺藩在侵略朝鲜的战争中虏得陶工李参平，在他的苦心经营下，生产出了"有田烧"（伊万里烧）。这里还有陶工柿右卫门，他从模仿中国明代的五彩瓷起步，在白瓷胎上加上彩画，开创了赤绘法③。此时恰逢中国明清朝之交，战乱频发，中国陶瓷出口到欧洲的数量减少，日本窑工们趁机生产出优质瓷器卖给荷兰人。

在孕育宽永文化的京都和大坂地区，文化重心已由京都

---

①乐茶碗，亦称乐烧茶碗，起源于江户时代之前的田中乐家族历代烧制的茶碗。
②莳绘，具有代表性的日本漆器工艺，始于一千多年前的奈良时代。
③赤绘法，用红、黄、蓝等彩釉绘制的瓷器，锦画法。

移到了大坂。艺术家同样作为都市居民，为迎合从事经济活动的商人的喜好，创造出以当时的浮生凡尘世界中的形形色色的人物形象为中心的作品，形成了从十七世纪后半叶开始，一直延续了数十年的元禄文化。这一时期也出现了追求贵族式的"雅文化"的艺术成果。这些作品，是被评价为"民众的力量如涨满潮的潮水"，以元禄民众的世俗情感创造出来的。艺术家还为人形净琉璃及歌舞伎配上了乐曲，同时诉诸视觉与听觉，使得日本戏剧也日臻成熟。

在多姿多彩的元禄文化当中，町人文学捕捉到了都市居民的世俗情怀，并将其加以夸张表现出来。井原西鹤就是町人文学的代表。他的生平不详，一说原名为平山藤五，是一位大坂富商，把生意转交给"手代"[1]来打理，自己却选择了自由自在的写作生活。西鹤活跃于以数量取胜的俳句创作比赛场上，更是将主要精力投放在"浮世草子"的创作之上，著有《好色一代男》《世间胸算用》等作品。西鹤将作品彻底通俗化，将花柳界、戏曲界的趣味巧妙地结合起来。与西鹤相反的是松尾芭蕉，他创作的俳句追求新颖，从不断变化

---

[1] 江户时代的商家中，有管理人员"番头"（经理掌柜）、"手代"（二掌柜），以及"丁稚"（伙计）。

表演偶戏人偶净琉璃的人形操作者（左侧的两人），以及"太夫"①、三味线（中）及后台的乐队成员（右）[出自元禄三年（一六九〇年）刊《人伦训蒙图汇》]

的"不易流行"②的角度去实践一条风雅之道，一生致力于俳句创作，留传下来《奥之细道》等著作。在名胜古迹的旅途中寻幽探胜、一路行吟的芭蕉，他的艺术与地方文化人的好奇心支持也密不可分。

近松门左卫门描写处于极端情况下的都市的人情世故，创作了人形净琉璃《曾根崎心中》《女杀油地狱》等。近松为了重振木偶剧团竹本座而创作的《用明天王职人鉴》，显示了元禄时期京坂地区市民的日本的王朝、神国意识，其中出现

---

①太夫，指能乐、歌舞伎、净琉璃等艺术中高级别的艺人。
②艺术创作中，自然、人心、真善美，都是不变的题材，这就是"不易"，而艺术形式必须与时俱进，与流行风格形式同步。芭蕉的"不易"与"流行"，阐明了艺术创作中的辩证关系。

第二章　幕藩体制下的社会与文化

了许多工匠拯救亲王的情节。而在《持统天皇歌军法》中，写农民义勇军为天皇而战。另有作品批评"关东"（德川氏），重视自然人性的町人感觉，批判领主采取禁欲式的手法，用武威压抑人民，同时又表现出对朝廷的亲近感，这些情感表明了他所属的身份阶层。

蘐园学派

在近世的前半期，领主仔细研读领会儒家思想，努力将霸权转为王权。这样一来便刺激了日本的朱子学、古学、阳明学、神道儒学融合，学者人才辈出。

荻生徂徕在乡居时期刻苦自学，后来到江户开设私塾。他受聘于元禄政坛上有权势的柳泽吉保，居住于日本桥茅场町，他的书斋称为"蘐园"，其门人被称为"蘐园社中"，其中，涌现出了太宰春台、服部南郭等才俊。荻生徂徕

荻生徂徕肖像（出自《先哲像传》）

吸取了明代学者的文学理论，用于解释儒家经典，创立了一门称为"古文辞学"的新学科。他批评朱子学，提出一种独立思想，认为"道"是帝王用以治理天下所建立的一种政治制度，主张与道德相比，应将重点放在政治上。荻生徂徕接受将军德川吉宗的咨询，在《政谈》一书中展现了幕府的改革方案。他所独创的学风影响了日本国学的形成。

和风式的生活

十七世纪，虽然不同地区的发展速度有所不同，其后长期不断发展，形成了日式的生活方式，以各种姿态影响到社会各个角落，清楚显现出其独特的风格来。

主食以拌饭（用杂谷、芋类、干萝卜叶、萝卜及大米烹制而成）、杂炊（粥、菜粥）为主，用酱油、盐做调料的一两样菜肴（煮鱼、煮菜、烤鱼），再加上味噌酱汤及酱菜。用各式各样的木制、瓷器的饭碗和盘子做餐具，用饭勺盛食物、用筷子吃东西，饭后饮用在茶釜中煎煮出来的茶。碟子的数量及分类方式，显示出贫富、父子、夫妇、兄弟的不同身份，这种习俗普及到了社会上下的各个阶层。

同时，一日两餐的习惯也改成了一日三餐。由于照明器具的改进，城镇亮了起来，商铺可以延长营业时间，这更是刺激了一日三餐的普及。但是,由于身份及职业的不同,也有人仍然坚持早、晚两顿饭的习惯。在农村,如果一天不吃好几次点心的话,就会出现体力不支的现象。

也是在这个时期,日常衣料从麻布变成棉布。棉花原是朝鲜国王的回赠品,以及从中国进口,日本在战国时期就开始了棉花栽培。进入十七世纪后,棉花种植面积迅速扩大,甚至可以自给自足。从麻到棉的交替,成为衣服用料的一场革命,进而影响到生产、流通、消费及生活的审美意识。麻布依然是礼服及夏天衣服的必需品,棉质的"小袖和服",也成了跨越身份的和风式便服。

住宅建筑样式也发生了改变,原本将柱子直接埋在土中的简易建筑,成了在础石上树立柱梁框架的础石式建筑。因此房屋经久耐用,可以让下一代继续使用。此外还引进了书院式建筑结构的元素,设置了举行隆重盛大仪式的大厅,安放祖先的牌位、祈求家运兴隆的佛龛。由此可见,"家"的观念已深入民间。农户与商户改变宗教信仰之后,都有了各家的菩提寺[①],追善供养仪式都在寺院内进行,竖立墓碑也遍及各地。当时日本人的平均寿命为五十岁,五十二岁逝世的井

---

① 菩提寺,一个家族代代皈依,举行葬礼、追善供养的寺院。

原西鹤的绝命诗中咏叹道:

> 浮世赏月岁月逝,吾生难得又两年。

在经久耐用的房子里,周而复始地举行着一年之中的各种仪式、人生中的典礼,逐渐产生了结合门第的礼法。在长幼、父子、姑舅、婿媳、夫妇、兄弟姊妹、主仆之间,用以表明立场的用语习惯与行为举止,以性别为中心而有所区分。玩具也因儿童的性别而各不相同。妻子要支撑起比自己年长的丈夫的家业,并按照丈夫的好恶,肩负起齐家之责。这样的思维方式被正当化,缝纫、织布成为女性存在的象征。农家妻子织的布被称为"女稼",此外妇女还得分担农耕劳作。在商人家中,妇女除了家务、养儿育女之外,还有调教佣人的责任。夫妻对家负有不同的责任,劳动的分工也不尽相同。但是,在希望将男女老幼的自主生活方式规范化的呼声越来越高的情况下,贝原益轩写出了《和俗童子训》《养生训》,其中一部分被修改为《女大学》,广为流传。已婚女性及未婚女性的立场也各不相同,已婚女性中流行着御黑齿[1]的习惯。

---

[1]御黑齿:指将牙齿染成黑色,以凸显女性柔美气质的妆容。一度风靡日本贵族中。——编者注

差不多与此同时，在作为家的集合体的村镇，建立了象征村镇共同性，团结居民的镇守社①。

苦界　　固定下来的社会不断得到巩固，同时在其外面还出现了一个被称为"苦界、恶所"的世界。除了商业经营破产、极端贫穷等情况之外，还有孝顺父母、家族意识、是否将处女视作绝对标准等民俗，都成了将女儿送入苦境的原因。另一方面，像江户这样新开发出来的地区，性格坚忍的脚夫、"参勤交代"时护送主公的随行武士、前来江户谋生的帮工等单身男性的比例很高，以这样的男性为对象的性服务行业能获得可观的利润，这类商人便应运而生了。专门从事这一行当的人，他们的营业设施须得到官府的批准，从遥远的地区招收年轻女子，将她们培养成看起来天真无邪的"游女"，为客人提供服务。以江户的吉原最为著名，全国得到公仪批准的花街柳巷一共有二十五处。由于法律禁止贩卖人口，游女以帮工的身份来从业。因此，帮工年限期满或是中途赎身，都是被允许的。吉原的三

---

①镇守社，为佛寺的镇守神建立的神社，供奉庇佑当地民众之神。日本从奈良时代起，就流行"神佛习合"。

浦屋雇用的女高尾[1]，历代都被武士或商人赎身而离开青楼。然而在驿站的廉价旅馆干杂活兼卖身的女性，以及其他地方的娼妓则数量众多，涌进花街柳巷从事皮肉生涯的私娼则数不胜数。

劳动文化与地域

农业用的锄头、镰刀，林业用的斧、锯，渔业用的各式鱼叉，都是劳动者能力的一种辅助延伸。这与都市工匠使用凿子、刨子等工具从事木工、细木匠，商人用手指上下拨动算盘珠来计算账目、用毛笔记账都是异曲同工的。以烹调饭菜的工作为首，生活中的工具都是靠手脚来操纵的，因此操控工具的技巧起重大作用，从而出现了获得高度评价的工匠。在工商界，有帮工学徒制，通过长时间的帮工、打下手训练并掌握技术；在农林水产业，则是利用以父子相传或长幼关系，通过长时间的帮工或打下手来掌握技术的。

农业技术并非依靠长年的亲自劳作，就能获得某种"资质证书"。因为男女老幼都有参加不同劳动的机会，便出现了以具有熟练技术及强壮体力的男性户主为中心，全家总动员

---

[1]女高尾，高尾太夫，亦称"花魁"。——编者注

的方式，维持着集约式的农业生产。另外，还创设了配合祭礼、神事的农闲游玩的日子。而在农忙期，以插秧等相互借用劳动力的惯例，发动亲戚、邻里之中的劳动力，插秧时还要雇用少女参加，以维持生计。

农业没有学徒制，而且少有秘传诀窍，技术都是公开的。十七世纪初，出现了刊印或个人笔录的日本农书。在中国，纪元前后就已经有了农书，六世纪有《齐民要术》、十四世纪有《农书》、十七世纪有《农政全书》等出现，并影响到周边的社会。在朝鲜，十五世纪著有《农事直说》。在日本最古老的农书则是十七世纪中叶伊予国（今爱媛县）武将的传记《清良记》第七卷的《亲民鉴月集》。

日本的《农业全书》是农书的代表作，作者是广岛藩武士的儿子宫崎安贞，他二十五岁在福冈藩出仕，数年后到福冈郊外的女原地方务农。当时，他认识了儒学家贝原益轩及其兄乐轩，贝原兄弟向他推荐了中国徐光启的《农政全书》。宫崎安贞以此为参考，并结合自己四十年来的亲身经历与见闻，于一六九七年（元禄十年）七十五岁时终于刊刻了十一卷的《农业全书》。稍早之前，他还著有解释农业技术的《百姓传记》，教导"大农户""小农户"。

在农书中，所记录的内容包括从气候、地势等角度去观察地域、农耕水准、农夫禀性及能力的特征；也包含着作者将日本与外国进行对比的意识，常常提到寒冷地区与温暖地区的对比，日本的东国、西国、京部、畿内、中部、北国等广泛地区，还有伊势、信浓等地，具体的产地等则根据实际情况来划分。

不单从这样的生产条件来进行区分，在社会生活方面，则以三河国附近为界线，西国村落住宅林立，东国的农村则住宅零星散布。幕府是以江户为根据地的东国政权，因此，为了统治西国，有必要实行同时以江户、大坂为据点的二元统治。为此，自古以来的日本国家制度得到了灵活运用。东西日本的关系是——江户被称为东都、江都——随着经济规模的扩大，不断在发生变化。在江户、东国，使用一两及一分的金币进行交易；而在京都、大坂所在的西国，则是用中世纪以来惯用的称重量的银币来进行交易。幕府想将金币置于优先地位，但是在西国却要等到十八世纪末期金币才优先于银币。

第三章　十八世纪的政治改革与社会

八代将军德川吉宗画像（局部）（德川恒孝氏藏）

第三章 十八世纪的政治改革与社会

1. 幕府政治的改革

元禄政治　　德川家纲政权将统治者、武士的世界从武断转向文治。其后的德川纲吉政权，利用儒家的仁、佛教的慈对被统治者（农民、百姓）进行正面教谕、教化。然而，由于手法独断专行，反而给幕府的威望蒙上阴影。

德川纲吉在一六八〇年（延宝八年）成为第五代将军，与毫无领导能力的家纲不同，他罢免了门阀势力的大老酒井忠清，改任命堀田正俊担任大老，以宠臣资格担任将军身边的近臣，来巩固政权。将军亲自裁决"亲藩大名"的是非，赏罚严明，使得"谱代大名"对他敬畏拜服。他还处罚、更换失职的地方官，设置财政监察官。然而，德川纲吉在堀田正俊于江户城中被刺杀后，便开始倾向于独裁。柳泽吉保等身边重臣的权力日益增大。纲吉在全国竖立奖励忠孝的公告板，以表彰孝子，立下基准颁布哀悼死者的服丧令。并且，他还亲自讲授儒学。在纲吉的周围，出现了迎合他的人群，他们强行推进动物保护政策"生类怜悯令"，压制武士、平民的日常生活和猎户、渔夫的营生；他们关注被遗弃的儿童，其中一些人得到将军的恩泽而得到善待。追随纲吉的大名还禁止猎鹰，改变城镇、桥梁的名称，检查乡村用作驱逐野兽的猎枪是否会被用作杀害动物，即便是偶然违反了动物保护法，也能构成大罪。奉命协助建筑狗舍的藩被迫拿出大量资金，强行征用领地内的劳动力，因此，人们暗地里称德川纲吉为"犬公方"。

德川纲吉因为受到来自"大奥"[①]的影响，建筑神社佛阁，形成了短暂的好景气，却使得幕府财政元气大伤。他接受了"勘定奉行"荻原重秀的建议，改铸硬币，却招致物价飞涨。在他晚年，又遭遇富士山的火山喷发（一七〇七年）、江户与京都的大火及地震灾害等。

御家骚动[②]与赤穗浪人　德川纲吉制裁了越后国（今新潟县）高田藩御家骚动，取缔了与将军家族最亲

---

①大奥，位于江户城内城"本丸"之中，是将军夫人与众多侧室们的住处，犹如帝王后宫，男子不得入内。
②御家骚动，江户时代大名家因家督继承、争夺权力等引起的内部纷争。

近的松平家。江户初期以来，接二连三地发生了如"最上骚乱""黑田骚乱""生驹骚乱"[1]等御家内部爆发的流血冲突。在从战国军团转变为政治机构的过程中，只有一位当权者能攀上大名的地位，他会受到整个家族以及有势力的部下的反抗而地位不稳，因此，每当要推行某项政策、涉及领地及继承权问题时，都会使家臣集团一分为二，进而发展成政治斗争。"伊达骚乱""越后骚乱"[2]，都是围绕家臣中的大名继承人问题产生对立进而引发的冲突。在高田藩，在开垦田地、治水、殖产等方面都卓有成就的家老小栗美作正矩，密谋把自己的儿子，也就是藩主的外甥拥立为藩主继承人，遭到了反对派的控告。德川纲吉以谋夺家主地位之罪，命令小栗美作正矩剖腹自尽，藩主松平光长则被没收了其领地、俸禄与房产。御家骚乱，也是藩政路线的对立所致，但也有能化解分歧，使斗争不会浮出表面，最终改革成功的例子。不论是否经过了流血骚动，藩主的地位与御家秩序，都会作为近世的政治机构而得到了强化。

---

[1]最上骚乱，1622年，出羽国（今山形县）最上氏内部出现的流血骚乱。黑田骚乱，1632年，筑前国（今福冈县）黑田氏的内部骚乱。生驹骚乱，1637年，赞岐国（今香川县）生驹家族内部爆发的骚乱。
[2]伊达骚乱，1671年，伊达藩（今宫城县）发生的骚乱。越后骚乱，1679至1681年越后国（今新潟县）发生的骚乱。

由于幕府的裁决，御家骚动的消息在社会上流传开来。这样一来，幕府的裁决就会遭到批评。一七○一年（元禄十四年），幕府公布了对赤穗（今兵库县西南部）藩主浅野内匠头长矩的切腹、被没收城池领地及断绝家系的裁决。在江户城的松之廊中，敕使御驰走役①浅野长矩，拔刀斩向高家的首席家臣吉良上野介义央，浅野口中喊道："宿怨，可曾记得？"事后，浅野长矩被命切腹自尽，吉良则安然无事。翌年十二月，大石内藏助等四十七名旧赤穗藩的武士讨伐主君的仇敌吉良义央，并将其首级供奉于泉岳寺主君的墓前。第二年，这帮义士都被命令剖腹自尽。不久之后，近松门左卫门创作了《碁盘太平记》，还相继出现了类似作品。十八世纪中叶，竹田出云等人创作出该题材的集大成之作人形净琉璃《假名手本忠臣藏》，在大坂竹本座公演，获得好评。此后，忠臣藏成了人形净琉璃、歌舞伎的赤穗义士戏剧的总称。

幕府否定浪人以讨伐仇敌重归社会的复仇行动，却无法对将为主公复仇视作义举的世态人心熟视无睹，即人们推崇家臣的献身性忠义，以及为主君雪耻、为名誉而死的武士道精神。这种呼声与对德川纲吉草率处置大名的批评相互交织，

---

①敕使御驰走役，负责安排飨宴的特使。

歌川国周笔下的《假名手本忠臣藏》锦绘（早稻田大学演剧博物馆藏）

当局企图在二者之间取得平衡，以保全幕府的威信。

从新井白石到德川吉宗政权

新井白石是为第六代将军德川家讲授学问的侍讲，官位相当于大名，并参与幕府的政治谋划。为了将日本建成东亚列国公认的礼仪之邦，新井白石在把政治文教化的同时，与"侧用人"① 间部诠房（相模厚木藩主）致力于革新幕府的政治，对长崎的贸易实行限制。关于对朝鲜的外交，把将军的称号从"大君"改为"国王"，以提升日本的地位，并降低对朝鲜

---

①侧用人，谱代大名，负责监督将军身边之人，担任上传下达的任务。

信使的接待规格，用简单朴素的形式来应对，这引起了有识之士和朝鲜使者的反感。

新井白石的政治高举"神君治世"的旗帜，希望以仁政恢复人民对幕府的信赖，视德川纲吉的政治为苛政，赦免了触犯保护动物令的犯人，废除元禄时代①发行的金银币，恢复庆长年间的优质货币，同时着手改革执行裁判的评定所。一七一〇年（宝永七年），越后国（今新潟县）村上藩领的农民向幕府提出直诉时，以"百姓所愁诉，悉数属实"的立场做出了裁决。

将军德川家光（第三代将军）与新井白石，都标榜德川家康为政治权威，德川吉宗在一七一六年（享保元年）成为第八代将军时，也宣称"诸事皆按权现公（德川家康）御定"。一七二八年，德川吉宗率领谱代大名及旗本作为供奉随从，前往日光东照宫，将德川家康作为"东照大权现"来举行参拜祭祀。随后，"外样大名"也陆续前往参拜。参拜日光东照宫成了超越德川家族的国家级别的祭典。

德川吉宗是纪州藩主德川光贞的第四子，得赐越前国（今福井县）的三万石所领，由于三位兄长相继逝世，他便继承

---

①元禄时代，江户中期的 1688 年至 1704 年，元禄为东山天皇的年号。

第三章　十八世纪的政治改革与社会

了纪州藩五十五万石的领地，当了十二年藩主，其间曾致力于解决财政困难。他位居将军之位长达三十年之久，主导了享保年间的改革。德川吉宗主导着政治、行政、财政改革，但他本人却并非有教养之人。他为实行系统的法治而开始整顿，目标是普及教化来控制民心。他热衷于节俭和米价对策，而被冠以"野暮①将军""米将军"的绰号。这一切与其说是得益于吉宗的才智，倒不如说是缘于他的政治意图。德川吉宗企图缓解日积月累的内部矛盾和民间社会越来越复杂的对立情绪。

德川吉宗在江户城评定所旁设置投诉箱，收集来自民间的直接投诉，防止舍文②行为的日益泛滥。并在告示板上清楚列举了应该直接投诉的三个条件：有关政治的建议，揭发官员的为非作歹，对于诉讼判决的拖延。幕府还出版了清朝的教谕书《六谕衍义大意》，所谓"六谕"是"孝顺父母、尊敬长上、和睦乡里、教训子孙、各安生理和毋作非为"。当时，罔顾这些教诲的现象不断增加，无疑便成了奖励六谕的契机。

《公事方御定书》是第一部幕府编纂的诉讼判例集，也称

---

①野暮，日文中为庸俗、俗气、土气的意思。
②舍文，江户时代，民众无处申诉冤屈与苦衷时，便在纸条上匿名写下自己的不满，扔在道路上，让人捡起来阅读，以达到宣传散布的效果。

《御定书百条》。《御定书百条》并非制定出了新法律，但大多反映了具有改革意愿的享保年间的法令。其中，包含促进判决、限制流放刑罚、缓和酷刑、限制连坐及拷问、制定诉讼时效等，可见司法领域也在迈向文治。还有许多关于田地的永久买卖、土地抵押、信贷等的规定。社会上的金融、信用交易变得日益频繁而复杂，获得抵押土地的人增多，变成地主的人在不断增加，由此推动了土地兼并与农田状况的变化。正如任何事物都有正反两面一样，这些都是回应民间社会活力的政治表现。

大冈忠相与田中休愚

《公事方御定书》最初是由江户"町奉行"[1]大冈忠相负责编纂的。德川吉宗政权率先实行唯才是举政策。在门阀制度下，大部分武士都只能郁郁不得志地度过一生。以"大冈政谈"而闻名的大冈忠相，是具有悠久家世的高级旗本的第四个儿子，他从番士起步，顺利晋升为伊势山田的奉行，又被吉宗提拔为江户的町奉行。大冈忠相在促进司法公正化方面成果显著，为对应日益繁忙的江户工作，组建了消防团，按照"伊吕波

---

[1]町奉行，管辖江户、大坂等地的行政、司法、警察大权的高级官员，具有"旗本"身份的武士才能担当此任。

歌"①的顺序，分别命名为"伊消防队""吕消防队""波消防队"等。他还奖励用瓦片修葺屋顶，设置防火隔离地，在医疗方面还开设了"小石川养生所"。

此外，他还兼任地方御用挂②，与他原本担任的勘定所日益形成对立关系。他在关东各地展开垦荒、治水工程，还提拔了在地方上展露才华的田中休愚、蓑正高、川崎定孝等人来主管农政。另外，他还招来了国学家加藤枝直、提倡以番薯为救荒作物的兰学家③青木昆阳、数学家野田文藏等各方面的有识之士，希望他们能在政治上发挥作用。

田中休愚是武藏国（今埼玉县南部，及东京都的一部分）多摩郡的农户之子，他当过贩卖丝织品的商贩，后来成为东海道川崎宿本阵田中家的养子，并兼任村长、旅馆业主及批发商，获得掌管多摩川下游的六乡川河流上的渡船经营权。他决心重振这里疲敝的财政。一七二一年（享保六年），他对时势展开了尖锐的批评，在其著作《民间省要》中提出，应让十五名农民、十名商人出席幕府会议，提出咨询性质的"民

---

①伊吕波歌，"五十音图"出现之前流行的日文字母表，相传为九世纪时，由弘法大师空海所创。
②地方御用挂，接受皇室宫内省的委托，到地方村庄兼职。
③兰学家，从江户中期起，研究来自荷兰等欧洲国家的西方科技、学术的专家。

政献言"。此著作由其恩师成岛锦江从中斡旋，通过大冈忠相献给德川吉宗。以此为契机，幕府任命田中休愚负责国家河流工程，对荒川、多摩川进行治理，还要对二领、大丸的灌溉渠进行改造，筑起一道"文命堤"，来治理相州酒匀川。到了晚年，田中休愚成为大冈忠相手下领取三万石俸禄的御料代官[①]。

属于社会中间阶层的田中休愚在上下层之间两头受气，他把自己的愤怒指向民间社会的病症与懦弱腐败的政治体制。休愚重视法律机构，认为官僚统治愈强，就愈会产生官员与商人的相互勾结和腐败。他批评毫无计划的过度开垦，反省佃户增加所引起的难题。他指出，与拥有土地的农户相比，能干的佃户也不在少数，为了充分调动经营者的积极性，他还提出了固定年贡的"定免制"。

抵押土地引发的骚乱　　日本的土地制度自元禄年间开始，得到大量抵押土地的地主人数在不断增长，到此面临着一个转折点。按照惯例，一旦过了贷款证明书上规定的期限，只要能够全额归还本息便可赎回自己的

[①]御料代官，御料，指江户幕府在各地的直辖领地。幕府派出官员对这些领地代行管理权，称为代官。

土地。虽然这种习惯根深蒂固，却不能阻止土地兼并的势头愈演愈烈。幕府于一七二一年（享保六年）颁发了流地禁令[1]，企图遏制佃户的增加。翌年，越后国（今新潟县）颈城郡的皇室和贵族领地上的农户强行耕作被抵押的田地，地主与佃户双方都向幕府的评定所提起了诉讼，此后，佃户仍顽固地继续斗争，不少被判磔刑、斩首示众、死刑，或是死在狱中。一七二三年（享保八年），在出羽国村山的官田，村长将流地禁令束之高阁拒不执行，小佃户知道后，便联名上书，涌到村长家，夺走了三百二十份证明文书，事后或被处磔刑或斩首示众，抑或流放孤岛。在无法继续容忍将军胡作非为的近世，虽然允许直接告状，但农民实际的斗争冒犯了幕府的威严，其结果必定会受到重罚。后来，幕府担心流地禁令会成为骚乱的导火线，而撤销了这项法令。因此，幕府准许领主与农民之间议定保证书，承认在缴纳年贡的关系中，地主必须在领主和农民之间发挥作用，允许收取地租。

在外来人口大量增加的都市，粮食的供应不足会立即引起骚乱。一七三二年（享保十七年），近畿地区至九州一带

---

[1]第五代将军德川纲吉时代，承认在负债人无力赎回抵押土地的情况下，土地归质权人所有，引起了社会混乱。德川幕府第八代将军德川吉宗废除了德川纲吉时代的这一做法，颁布"留地禁令"，命令质权人将抵押过期的土地还给农民。

同时发生了蝗灾，农作物遭破坏。饥民达到二百六十五万，有一万两千人饿死，死亡牛马达到一万五千头。江户的米价飞涨，市民涌进町奉行所，迫于压力，公仪开始救助穷人，增加运往江户的大米，禁止囤积粮食，促进出售存米，但这仍然未能消除民众的不安。有流言说，幕府御用的米商高间传兵卫正在垄断粮食买卖，囤积居奇。正准备出售大米之际的传兵卫，却被蜂拥而至的市民捣毁了房屋和财物，账簿也被烧毁。

江户、大坂的富商　　田中休愚在献言书中反复批评那些一心只顾自己一本万利的买卖、拼命炫富的商人。他们的生意导致一切事物都被严重的商品化，从而引发了社会的不稳定。与此同时，凭借品类的丰富、消费水平的提高，商业活动推进了全国的均等，统治者及被统治者都越来越依赖商业活动。商业是牵动民间社会的火车头。在海禁允许的范围内，近江国（今滋贺县）商人把据点扩展至全国各地，富山的药材商贩以一处为根据地，派出行商奔赴任何遥远的地方。在江户及大坂，曾在战争时期经商致富、炫耀势力的第一代富豪商人，到了太平时代，已经被崭露头角的新一代唯利是图的商人所取代。新一代富商粉墨登场，书写出家族命运的盛衰荣枯。

在江户，幕府专用的木材商人纪伊国屋文左卫门、奈良屋茂左卫门积聚起了万贯家财，像彗星般横空出世，留下许多穷奢极欲的玩乐逸事，然后便销声匿迹。在大坂的淀屋，代代从事木材、谷米、蔬菜贩卖生意，倒卖各藩囤积的大米等的官商，为各藩大名提供融资、放贷等服务，到了第五代的辰五郎，却于一七〇五年（宝永二年）因僭越身份、穷奢极欲而获罪，土地财产被没收，并遭流放。迁移到堂岛新地的大坂大米市场，几年前还曾开设在淀屋门前。

然而，正如井原西鹤在小说《日本永代藏》[①] 中警告的那样：商人早起如多得五两银、凭借家业可赚得二十两、夜里加班又赚八两、节俭开销如多赚十两、身体健康又如得七两，把这些欲望混在一起，应像按照药方一般早晚饮用。社会上出现了追求利润、贪得无厌，自己却像佛教修行般过着朴素生活的商人，他们以敏锐的目光、凭借勤奋，去实现家传祖业世代不衰的理想。

伊势松坂的三井高利，在江户骏河町开设越后屋和服店，

---

①《日本永代藏》，1688年（贞享五年）出版的短篇小说集，主要描写商人的致富经验，他们依靠勤奋节俭、聪明才智获得财富。"永代藏"的意思是"世世代代占有财富"。

开始了一种新商业模式，明码标价，来店顾客需付现金，不得赊欠[1]。他还控制对大名发放贷款的数额，并兼营货币兑换[2]，提高了资金的运用效率。三井高利为了采购与贩卖一

三井高利与妻子寿赞（三井文库藏）

体化，在京都和大坂都设有店铺。高利逝世时的资产有八万两，不久之后更是高达二十四万两。三井高利还重视对店员的培训教育，一七二二年（享保七年），他用《宗竺遗书》《家传记》《商卖记》三篇文书记录了三井家族同名店铺的家训。

---

[1] 当时江户的商铺普遍实行赊欠，欠款每季度结算一次。越后屋的做法可谓是划时代的创举。
[2] 当时江户、大坂等地发行的货币各不相同，须兑换成当地货币，方可使用。

2. 田沼政治与宽政改革

纪州藩系的江户城政治家

曾经担任过纪州藩主的德川吉宗，将从自己领地带来的武士作为将军的直属家臣，侍奉左右，以维护改革的权力。他还组建了直属军队，以及负责收集情报的秘密组织"御庭番"。为了使长子德川家重成为第九代将军，吉宗将家重的弟弟们封为田安家及一桥家，完成了由将军长子继嗣的部署，其后家重的儿子又分出清水家，成为"御三家"[①]之一。第二代的旧纪州藩武士的子弟成人之后，也形成一大势力。有人认为，德川将军家族已被纪州王朝所取代。

田沼意次也来自纪州，他是来到江户之后得到晋升的新旗本之子，侍奉于第九代将军德川家重身边，后晋升为负责

---
①御三家，德川本家外，拥有征夷大将军继承权的三个家族：尾张德川家、纪伊德川家、水户德川家。

在将军与老中之间上传下达的"御用取次",俸禄不断增加,名列一万石的大名。第十代将军德川家治时代,一七六七年(明和四年),他又晋升为"侧用人",地位仅次于老中,接着田沼意次又担任了远州相良二万石的城主,后来升到老中级别,拥有幕府阁僚老中兼任"侧用人"的身份,禄升至五万七千石。

田沼意次是贿赂、贪污的政治家的象征,他还给后世留下了裙带政治家的形象。赠送超出规定价值及数量的礼品的现象,到了田沼意次当权前后已变得相当严重,及至在田沼权势达到全盛时期的天明年间,甚至能左右幕府行政。操控人事大权的一部分高官——还从民间商业活动中收取地方缴纳的租税、营业税等,作为幕府财政基础。想要获得官职的武士、商人为了得到官员提供的方便,贿赂现象从未断绝。田沼成了这股歪风的罪魁祸首,武士和商人反对田沼的呼声日益高涨。

人事大权的恣意妄为,造成了以人脉左右政治的局面。看似互相矛盾的现象是,法治与官僚制度化也在同步推进——官员及其所管辖的机构为了应付民间社会追求利润而引发此起彼伏的纷争,必须提升文官的执政水平、完善处理问题的规则,尽管如此,效果却并不理想。

同业行会与虾夷地的开发计划

超越礼品规定的贿赂者之一,来自申请以固定营业额来代替营业税上缴租税的商人,因为有了固定营业额就可以进行垄断经营。在这段时期内,申请固定营业额的文书数量急剧增加,这类贿赂体现了激烈交锋的民间社会的活力。

幕府最初采取的是织田信长以来的自由经商政策,除了金银币铸造,吸纳赃物的当铺,旧衣物、旧家具商店等行业外,田沼意次禁止组织同业行会。起初德川吉宗企图以同业行会的力量,来严格执行"奢侈品禁止令",实现降低物价等目标。到了十八世纪后半叶,田沼意次通过商人的同业行会管控飞速增长的商品生产及流通,收取其中的税款,改善了幕府的财政。一七八四年(天明四年),正式承认了二十四个批发商行的同业行会,来处理汇集到江户的各种货物。田沼还向妓院征收税金。产品专卖也成了打开财政困局的手段,铁、铜、药用人参、蚕丝、茶叶、烟草等都成了专卖品。

此外,田沼意次也意识到对外关系的重要性,有计划地开发虾夷地,由此地向农田提供鲱鱼油渣、高质量的干海参等用作肥料,用稻草袋包装的海产品是长崎对外贸易不可或缺的商品。由于虾夷地区的商品营业额数目可观,也有人从本州前往该地谋生,他们还建起了佛教寺院。

这段时期，俄罗斯与清朝之间的贸易受到限制，因此强烈希望与日本开展贸易，显示出南下的势头。医师工藤平助献上了一部《赤虾夷风说考》，指出走私贸易正在增加，主张与俄罗斯通商和开拓虾夷地区。田沼接受了他的建议，命令勘定奉行松本秀持进行调查。调查队到了千岛、库页岛，核实了阿伊努人与沿海州的居民进行山丹交易。调查报告中还将阿伊努族人定位为渔业劳动者。虽然阿伊努人也喜欢农耕，但由于承包渔场的商人的要求而专门从事捕捞生产。幕府制定了在虾夷地区的开垦计划为一百一十六万六千四百町步[①]，相当于能收获五百八十三万二千石俸禄的田地。松本秀持与浅草的头领弹左卫门商讨移民问题，对方表示，可以安排其手下七千人，以及全国能听从他指挥的六万三千人，再加上贱民、乞丐等，共计七万人投入开垦工作。然而，这项计划因田沼失势而被迫中止。

不断变幻的国际环境　　在日本外围，英国、法国侵入亚洲，荷兰的势力开始衰退。然而作为海禁国的日本，其统治阶级与知识分子所警惕的是北方俄罗斯

---

① 1 町步 = 9917 平方米。

的南下。一七六二年，女皇叶卡捷琳娜二世即位，开始向国外扩张，与克里米亚半岛上的鞑靼人交战，吞并了克里米亚汗国，又与奥斯曼帝国两度交战，获得新的土地，又对农奴制度进行了专制化整治，加强了贵族地主的支配权。

俄罗斯利用日本漂流民来教授日语，准备与日本进行接触。此时，伊势国河曲郡南若松村出生的大黑屋光太夫，于一七八二年（天明二年）让伊势国白子浦（三重县铃鹿市）的彦兵卫担任神昌丸的船长，与十六名船员在白子浦满载货物出发前往江户。可是，他们在远州滩（今静冈县一带）遇上暴风雨，漂流到太平洋，翌年到达阿留申群岛的一个小岛上，为俄罗斯人所救。他们跟随土著居民猎取海洋哺乳动物，四年后转到西伯利亚本土最东边的堪察加半岛，又过了两年，抵达了设有公仪官署的伊尔库茨克，一七九一年在圣彼得堡谒见了叶卡捷琳娜二世，获批准回日本。一七九二年（宽政四年），曾协助光太夫们回国的基里尔家族的次子，作为被任命为遣日使节的亚当·拉库斯曼的陪同与船员矶吉一起，在北海道的根室登陆。光太夫被送到江户，此时日本的最高统治者早已易主，在江户城吹上御苑，第十一代将军德川家齐与松平定信等人向他询问了俄罗斯的情况。兰学家桂川甫周把光太夫所汇报的内容汇总为《北槎闻略》。拉库斯曼带来了

在拉库斯曼的陪同下，回国途中，在根室临时设置的小屋内渡过冬天的大黑屋光太夫与俄罗斯人（出自《俄罗斯人物与棚户内图》，天理大学附属天理图书馆所藏）

西伯利亚总督的信函，在松前城与日本幕府的宣谕使会面，获得准许进入长崎的信牌，然后回国。由于幕府实行的是防止有关外国的消息扩散的方针，光太夫被收容在江户的番町药园内。东亚各国之间，都遵从并实行将漂流而来的外国人遣送回国的习惯，经由中国而被送回长崎冈山藩的专用沿海运输船上的归国者，被禁止居住在藩以外的地方。然而这批归国者却并没有遵守居住地的规定。

宽政改革　　针对拉库斯曼乘坐军舰来到日本的举动，松平定信制定出强化海防及虾夷地区的防守策略，并亲自巡视海岸。松平定信心里明白，俄罗斯前来通商只是时间的早晚问题，但在表面上，他仍强调要坚守锁国的祖法，此时，比起海禁而言，日本更倾向于实行锁国政策。

松平定信是田安宗武之子，陆奥白河藩主的养子。松平定信憎恶田沼，在御三家与一桥治济的推荐下，他趁江户平民暴乱的机会执掌了政权。松平定信团结起反对田沼派的大名们一道来推行改革。他取缔违法的地方官，为了将年贡米作为幕府财政的基础，以增加农户及复耕荒废土地为目标。松平定信鼓励农民重新回到农村，借给他们农具及种子，在各地设置稻仓以防发生饥荒。由于松平定信在中央政权所在的都市江户经历过平民暴乱，因此，防止骚乱再次发生成了他的都市政策的课题。松平定信设立了石川岛流民收容所，为他们介绍工作。松平定信颁布了"七分积金令"①救济贫民，命令江户各街区设立町会所，给自愿归还农村者发放经费，降低因紧急情况而瞬间爆发骚乱的可能性。定信准确认识到，时局正处于"下层势力将自然而然地凌驾于上层社会"的危机之中（《愚意之觉》）。

在流通领域，除了调节米价之外，松平定信还努力提高

---

①七分积金令，即"救荒基金令"，从市政开支中节约出四万两白银（占经费的七成左右），再加上一万两，成立该基金。

与京都、大坂相对的关东经济圈的地位。为了对抗来自京都、大坂酿造的酒类,他命令当地的富豪农户试酿上等酒。在金融方面,实行低息的官方贷款,试图降低民间金融市场的利率。为了缓解将军手下直参武士[①]的财政困难,发布了"免债令",为此江户富商的损失高达百万两白银之多。在文教方面,加强对出版的控制,同时又将八千六百余名行善者的事迹编成《孝义录》,禁止传播异端邪说,振兴朱子学,以培养幕府的官僚。

这些改革的措施及法制的施行,为明治维新准备了必要条件。"大政委任论"[②]等经过了被称为"宽政遗老"的幕府政务的高官时代,其中的许多内容一直持续到了幕府末期。松平定信在一七九三年(宽政五年)被罢免,原因除"大御所问题"外,还有当与朝廷关系紧张的德川家齐打算把父亲德川治济迎进江户城内的"西之丸"城堡时,松平定信提出了劝谏;此外,还有公仪的上上下下都以"水至清则无鱼"的理由,来反抗松平定信的清廉政治。

---

①直参武士,幕府将军的直属武士,包括旗本、御家人。
②大政委任论,鼓吹幕府将军统治日本的正当性的论调。将军是接受了天皇的委任而执掌大权的。

改革与相扑

幕府对风俗、文化都实行严格控制，以致有人因此而获罪。在这样的情况下，只有符合尚武方针的相扑呈现出一派非同一般的风貌。"相扑"一词源自日语中"相争"一词。作为占卜农业生产吉凶的运动，以及在战场上与敌人厮打的技术而盛行起来。到了江户时代，出现了职业相扑力士集团；在称为"三都"的江户、京都、大坂，很早就颁发了禁止相扑募捐筹款与街头相扑的法令。就像戏剧艺术在京都、大坂成熟之后，就会流传到江户一样，在十八世纪后半叶，相扑的中心势力移到了江户，由江户相扑会所的年寄（头领）来运营。江户民众的相扑热潮更加高涨，造就了谷风、小野川、雷电等相扑力士空前活跃的黄金时代。一七八九年（宽政元年），谷风梶之助与小野川喜三郎两名相扑力士获得当局"横纲之传"的认可，"横纲"[1]的称号从此诞生。一七九一年（宽政三年），还出现了将军德川家齐在江户城中观看相扑比赛的盛况。

---

[1]横纲，相扑力士获得的最高级别的荣誉。得此殊荣者方可在腰间围上一条用白麻制成的宽大腰带"纲"。

中期的藩政改革与名君贤相

从十八世纪后半叶开始，为了扭转藩财政的赤字局面，增加藩内的商品生产以改善藩收入，藩政改革的内容增加了。"藩利益"一词成了一句流行口号，除了增收年贡外，还要掌控本地固有的特产品，培育刚刚发现的产品，尝试引进新的特产品、实施藩的专卖制。为了销售汇集在大坂及江户的商品，设置了纸方会所、棉布会所、砂糖会所等专门的产品会所。还出现了用本藩发行的"藩币"来收购产品，然后运到大坂、江户出售，换取金银货币的做法。

专卖品有长州藩的纸、蜡，德岛藩的靛蓝染料，姬路藩的棉布、盐，土佐藩的纸，萨摩藩的樟脑、黑砂糖，上田藩的丝织品等，林林总总，琳琅满目，但其中以纸张的数量最多。津轻（今青森县西部）、会津（今福岛县西部）、轮岛（石川县北部小城）、加贺（今石川县南部一带）的漆器生产蓬勃发展，在这些地方诞生了漆器的别名，"ジャパン"（Japan）。专卖制度禁止生产者自由交易，而是依靠富豪农户与有实力的商人的协作来实现交易。因此，起初也遇到了强烈的反抗，还发生了反对专卖的农民骚动。

这期间出现了肥后熊本藩主细川重贤、"家老"堀胜名、陆奥会津藩主松平容颂、"家老"田中玄宰、出羽米泽藩主上杉鹰山、"家老"竹俣当纲等名君贤相。上杉鹰山是高锅藩主之子，上杉家的养子。一七六七年（明和四年），上杉鹰山当上了青年藩主，但由于卷入了一场不得不向将军归还领地的政治纷争，米泽藩陷入了财政和人口减少的困境，藩政改革就是在这样的绝境中展开的。安永改革在鹰山和竹俣当纲的领导下推行，改革包括实施"大俭约令"，改革农村管理机构，种植漆树、桑树、构树一百万株，引进纺织技术，设立藩校"兴让馆"等。上杉鹰山坚持穿棉布衣服、一汤一菜的生活。藩校则由儒学家细井平洲任教。这场改革由于饥荒等原因曾一度中断，上杉鹰山退隐后，改革由莅户善政负责，鹰山则以监护人身份向他提出建议，让藩城中的婢女养蚕、织绢。藩士也要在墙根种植可以食用的五加，以蚕蛹喂饲池中的鲤鱼。

上杉鹰山于一七八五年（天明五年）赠予新藩主治广三条训辞，即"传国之辞"，强调国家由祖先传于子孙，他训诫说："人民"属于国家，不可将其视为藩主私有。这虽然是扎根于儒家思想的见解，但实际上由于鹰山遭遇了种种政治斗争，他从中倾听了民众的要求，吸取了经验教训，再用自己的语言将其整理出来，留下了记录这个时代的政治文化的一番言论。

幕府与尊号事件

朝廷虽以"公武和融"的立场，发挥着公仪"金冠"（权威）的作用，但在朝廷内部顽强地延续着两条各执己见的路线。其一是后水尾法皇与近卫基熙等人主张与幕府和睦相处，以繁荣为目标的现实路线；另外则是灵元天皇及其亲信，希望实现天皇或上皇亲政，维持朝廷运作，复兴朝廷的各种仪式。一七五八年（宝历八年），对天皇身边的少壮贵族近侍发挥影响的尊王论的神道家竹内式部，被处以重罪流放，史称"宝历事件"。一七六七年（明和四年），又发生了"明和事件"，军事学家山县大贰被判死罪，其原因是他讲授了要塞地攻略战法，批评时政、感叹天皇如同囚犯一般，肯定讨伐暴君的论调。

另一方面，朝廷在后桃园天皇驾崩之际，没有合适的皇位继承人，面临皇统断绝的危机。东山天皇之孙闲院宫典仁亲王的第六王子祐宫被选为皇嗣，度过了危机，这样，一七七九年（安永八年），九岁的光格天皇即位，由于自己是唯一的一位并非天皇儿子而继承皇位的人而深感自卑。他在最后一位女天皇后樱町天皇的教导下勤于学问。他还以加倍强烈的皇统意识作为心灵的防护盔甲，精心投入朝廷政务。天明饥馑时,他要求京都地方公仪救济灾民。一七八八年（天明八年），京都大火烧毁皇宫，天皇固执己见，不顾江户幕府反对，翌年重建御所，改元宽政。

同年，光格天皇希望下旨给生父闲院宫典仁亲王赐予"太上天皇"的称号。幕府的老中松平定信表示反对，经过五年的争执，尊号依然未获批准，与这个事件有关的中心朝臣一并被处罚，这一事件才终于宣告平息。"公武和融"的框架虽然尚在，但有关尊王论、天皇亲政的朝廷运作只存在于表面。公仪基本架构上出现了裂缝。此外，幕府就是否重新使用谥号争论激烈，九百一十年之后，追赠了"光格天皇"谥号[1]。

---

[1]光格天皇的谥号是恢复了自光孝天皇不再使用的汉风谥号。光孝天皇卒于887年，光格天皇卒于1840年，相隔953年。

3. 社会的变动

种植单一化的农村与买米吃的农村

保障人民安居乐业，确立农民自给自足的经营，成为幕藩上下一致的理念，因此，要顺应民间社会不断发展的形势，提高文治的民政技术，完善法制与教育体系，去除恣意妄为的官僚统治。然而，这只是一场与身份世袭制结合在一起的社会体制框架中的变革。

民间社会发展速度加快，规模日益庞大的同时，也在不断发生质变。社会内部贫富、地区之间出现差别，各种势力悬殊。它们在互相取代的同时，纷争频繁，公仪对此难以控制，时而颁发教令、法令，时而设立新机构，时而诉诸武力，多方面的解决方法都显得力不从心。而在金融管理、商品流通方面，更是举步维艰。

一方面，由于在农民的深层意识中仁政是领主的责任，削弱了他们对幕府的感恩戴德的想法，农民对幕府倍感不满和失望，终于酿成了远离幕府的社会风气。从广义上而言，幕府是由江户将军及地方大名（幕府的代表）所构成的。有些藩出现了名君，有些藩则出现了施政屡屡失败的情形，日本全国的政治状况并不均衡。这最终影响到了将军与大名的关系，以幕府为核心的国家形态本身也开始出现动摇。

民间社会以发展经济为动能发生变化。辅助农耕的各类营生、提高生活水平的希望和领主发展生产与专卖政策结合在一起。随着商品生产的发展，民众与货币的关系越来越密切，将原应缴纳的年贡换算成金钱来缴纳的情况增加了。在这种情况下，像在甲斐国郡内地区那样，丝织品生产成为一种单一的生产，而大米等粮食则要从其他地区购买。另外，还有像陆奥南部地区那样，把山村的谷物运到海边的渔村，再从那里把盐、海产品运回。因此，出现了各种兴旺的行业，如运送加工品与原料来赚取运费的马帮、牛帮等。这些人从事不同的生计，在不同的组织中讨生活。

土地兼并与土地划分　　随着用田产及房屋用地作为抵押权的土地金融业不断扩大，出现了无力赎回抵押、典当土地的情况，占有"无法赎回的土地"的地主源源不断地涌现出来。农民的自给自足虽然是共同目标，但小规模农户根本无法稳定下来，须用农耕加上各类营生才能维持下去。

据对十八世纪中叶伊势津藩领地的"中等农户"的经营收支进行计算，在夫妇同时从事耕作的家庭中，拥有七反[1]水田、四反旱地，雇有男女帮工的情况下，赤字大约是三两三分，或九匁[2]五分三厘。农民忍受着以粗食果腹，只有区区五斗的收获，正好是徘徊在生死的分界线上。十八世纪后半叶，上州高崎藩一带"小农户"经营的收支情况的计算结果是，在拥有四反水田、一反五亩[3]旱地，夫妇共同耕作，需要雇用马匹的情况下，赤字大约为一两一分二厘，如果用永乐钱[4]换算，赤字为三十七文八分。这类家庭不会立即破产，而是靠养蚕、种植烟草、织布等手段来赚钱补贴家用。依赖多种营生的家庭增多，影响到买卖的价格。无力偿还贷款的人数不断增加。

---

[1] 1反约为991.7平方米。
[2] 匁，日本创造的汉字，日语读音为"mongme"。重量单位，1匁为1贯的1/1000，合3.75克。在江户时代则是货币单位，1匁白银的价值等于1两黄金的1/60。
[3] 亩，日本的土地面积，1亩为1反的1/10，约合99.17平方米。
[4] 永乐钱，日本从室町幕府时代的中日贸易中，或是倭寇的走私贸易中获得大量的永乐钱，直到江户时代初期在日本社会上广泛流通。

不同的地区，情况也会各不相同，但从十八世纪中叶开始，出现了所谓的"大地主"。出羽国酒田的本间家族，到了十八世纪后半叶的第三代四郎三郎时，作为庄内、米泽等小藩的御用商人而十分活跃。四郎三郎于一七五四年（宝历四年）继承家业成为户主，他在海边建造防沙林、开垦新田、参与重建庄内藩和米泽藩的财政，在庄内藩受到武士般的待遇。他以大名为对象发放高利贷，在大米、黄豆、青麻等特产交易上获得利润，仅仅是从佃农收取的地租就高达一万四千俵[1]，为成为大地主打下了经济基础。

虽然江户政府撤回了流地禁令，地方政府为了维护藩体制，仍希望专心耕作的农户站稳脚跟。其中的一项策略便是"割替政策"[2]。从东北地区的奥羽，直到九州南部的鹿儿岛各地，都实行了"割替政策"。这是基于传统的共同利用土地的构想，也是对抗土地兼并的良策之一，但却无法制止当时土地大量集中的趋势。

---

[1]俵，日本江户时代用来装大米的稻草编织的口袋，1俵可装4斗大米，约合60公斤。2.5俵为1石。
[2]割替政策，即土地置换政策，将土地分给农民耕种，一定年限后再进行土地重新分配。

天明饥馑与地方海运集团的活跃

在十七世纪，幕府组织开发大中型河流冲积平原及海岸湿地，以减少引起宽永饥馑那样的旱灾。但夏季多雨、低温所导致的冷害又随之而来。低温从东北方开始，水稻歉收，饥荒越来越严重。藩竭尽全力开拓新田，不曾考虑水稻栽培存在着一道最北的界线，这成了遭受低温灾害的重要原因之一。农户喜好栽种的产量高的晚稻收获期较晚，也成了原因之一。一旦出现歉收，有能力的藩会采用抑制谷物流向外地的政策，致使发生饥荒的藩陷入更加严峻的境地。

造成天明饥馑过于严重的原因，是由于藩政府只顾眼前的收入。长期的饥荒从一七八三年起，一直延续到一七八七年（天明三年至天明七年），一七八三年和一七八六年的冷害最为严重。其影响遍及全国，其中尤以奥羽地区的饥荒最为严峻。情况最惨的是津轻藩，一七八二年四月开始风雨不断，过了小暑之后的"土用"[①]，寒气仍然在持续，藩当局把四十万俵米运往江户、大坂出售，强制年贡要以实物与大米缴纳，导致藩领地内既缺乏米谷，米价也在不断高涨。到了翌年五六月，已完全无米可卖。到了秋天，城中各处完全断粮，

---

①土用，立秋之前的十八天。

包括草根在内，一切能够入口之物都被吃光，不断有人饿死。

然而，即便是处于饥荒之中，民间社会也发挥出了活力。活跃于近海航线的地方海运船队，并不受具有公办性质的"菱垣海运船队""樽海运船队"那些商人组织的约束。当局颁布的"非职业商人亦可买卖米谷令"（一七八四年）带来商机，尾张国的"内海船队"，趁天明饥馑引发的都市大米缺货，开始与江户的小规模米商进行直接交易，运输大米，获得利润。就如同"北前船队"催生出了像钱屋五兵卫这样的松前贸易富商一样，内海船队在这段时间内扩充了规模，米商适应市场需求，将运达江户的大米悉数购入，这是一种比"菱垣海运船队"更加负责的商业模式。此时，由十组问屋[①]控制的"菱垣海运船队"，老旧、破损的船只不断增加，开始衰退。

背井离乡者，无家可归者流入江户

在关东，农户、房舍、马匹的数目日渐减少，无人耕种的土地却在不断增加。林八右卫门是上野国（今群马县）那波郡东善养寺村（川越藩前桥家的分领）人。他娶了经营当铺

[①]十组问屋，即十组批发商行，江户时代的十大批发商行，包括漆器商行、棉布商行、酒类商行、药材商行、纸张商行等。

却已家道中落的本家养女阿菊为妻，成了以分家的形式自立门户的农民。一七九一年（宽政三年），二十五岁的林八右卫门被选为村长。由于人口减少，变成了"枯村"，对于村长而言，这是一个令人心痛不已的问题。

群马郡公田村在安永时期有六十四栋房屋、二百七十九口人，但在三十年间有二十四户，总计一百三十六人偷偷离村出走，到了十九世纪初期，只剩下了四十栋房屋、一百四十三人。离村出走的人有的被抓回来，也有重返乡村的，还有伪装成无法偿还借款而失去自由的人。其中的大部分人都逃到古老的城下町前桥、在宿场町的大间间（今属群马县）、鹿沼等集镇上，希望能重新找到谋生之道。东善养寺村也有同样情况，出现了无人耕种的荒地，也有人要把应该缴纳田税的农地归还给藩政府，即"上缴土地"，农村的活力在不断衰退。

农民的背井离乡是由于农村生活艰苦，他们期待着在繁华的闹市中可以找到更好的生活。都市的经济活力吸引农村的劳动力，结果导致了农村活力的丧失。都市的产业开始压倒农村的产业，到了农忙期，只好去都市中招聘打短工的劳动力，逐渐出现了按日计酬的短工、顶替别人打工的人数超过了按年度打工务农人数的现象。

第三章 十八世纪的政治改革与社会

大部分背井离乡者都流动到了作为关东经济圈货物集散地的江户。只要有担保人与职业介绍行业的人出面,他们就可以靠各种各样的杂役生活。其中有不少居无定所者、来自农村的贱民也能以此勉强糊口。

在江户的市区内,奈良屋、樽屋、喜多村这三家"町年寄"管辖之下,就有二百数十名村长各自管理着辖区的几条至几十条街道。在这些街区内,拥有房屋的业主、作为市民居住在此的地主,由他们负责幕府摊派的国家官差、公共机构劳役、街道用工,同时也进行着各类商业活动。外来人口逐渐增加,临街的长排式住房、背街里的住房开始出现,收取地租、店租的房东也增加了。在江户近郊的城乡接合部,小镇不断增加,呈现出螺旋状的膨胀趋势。同时,邻近江户城的神田、麴町也在背街小巷建起了长排屋,成为每天都要为讨生活而奔波的贫民聚居的地方。这个阶层的人,基于一种责任感而"拖家带口"与老婆孩子生活在一起,却并不被"家"的意识所束缚。

4. 民众运动与记忆形态

**都市的打砸骚乱——
江户的大米骚乱**

面临艰难时局，民众会通过祈祷、申诉、骚乱这三种行动团结起来，力图摆脱困境。接着具有社会普遍性的异议被提出，酿成一场表达激愤情绪的个性化运动，在历史上留下记忆。骚乱是一种惩罚行动，会将房舍、财物、工具等全数破坏，都市居民以这种极端做法来确保得到粮食。民间社会积聚着财富，衣食住、文化、娱乐的水准都在不断提高，然而贫富差距也在扩大，社会底层涌现出许多弱者。都市的粮食供应一旦出现短缺，社会就会暴露出脆弱的一面。对为富不仁者垄断大米、囤积居奇的行为深感愤怒的小商贩、工匠以及杂役们，就会袭击有关的商人，发生打砸骚乱运动。有识之士把这种行为视为"天下动乱之征兆"。

一七八七年（天明七年）五月，包括江户、京都（皇宫

第三章 十八世纪的政治改革与社会

千回参拜危机事件)、大坂等地，还有九州的长崎、关东的岩槻，各地的城下町、港町、宿场町、门前町等地，都发生了打砸骚乱，且都是由城镇中的下层民众为主体发动的。在江户，民众接二连三地通过街区头领将要求救济的"请愿书"提交至町奉行衙门，却全都石沉大海。五月二十日，深川森下町的米商传次郎拒绝客人们提出的施舍米粮的要求，结果，他家的商品、门窗、家庭财物都遭到毁坏。居住在深川六轩崛的长排屋内的三十一岁房客、灯笼制作工匠彦四郎，与一群来历、职业不详的房客善八、要助、弥兵卫、胜五郎、七右卫门、藤七、市三郎等八人，在完成打砸行动后，没有掠走一分一毫的财物便扬长而去。差不多在同一时间，赤坂、四谷、青山等地，也有多家米店遭到邻近贫困民众的破坏。翌日即二十一日，芝金杉、本芝、高轮、新桥、京桥、日本桥、神田、本乡一带等地，也发生了同样的事件。

袭击京桥南传马町的米商万屋作兵卫店铺的一众人，以敲击铜钟和梆子为行动信号，时而休息，时而进行打砸破坏，有记录指出，这是一场"彬彬有礼的暴乱"，因为抢掠是会受到制裁的。他们要求"关东八州之民""堂堂正正做人"，在米店林立的大街小巷中，竖起了宣称"打砸骚乱"正当性的棉布旗。

神田佐柄木町的房客，二十七岁的留五郎被捕受审，他出身于神田金泽町，本是一名居无定所之人。居住在神田多町一丁目四十二岁的"多人杂居房客"金七，是下总国（今千叶县北部）海上郡荻园村农民，到江户后成了无业游民。遭逮捕者多是隅田川对岸本所一带的房客，他们都是按天计酬的短工，卖野菜、雨伞、柴火、下酒小菜的商贩，或泥瓦匠、剃头师傅、船夫、漆工，抑或修葺屋顶、销售门窗等建筑行业营生的穷人，成日以身体作本钱，过着拮据的日子。

江户陷入了无政府状态，同月二十四日，长谷川平藏等御先手组巡视市内，在江户城的大手门外设置了临时性的救济房屋，终于把骚乱平息了下去。幕府紧急起用关东郡长官伊奈忠尊负责市内救济工作。伊奈动员家中的仆人、有交往的商人大规模收购谷米，成功地把江户平定下来。在这期间，拥立松平定信的活动虽然受挫，但由于伊奈的努力而打开了困局，松平定信成为首席老中。他也由此领悟到了确保江户粮米供应的重要性。一七九二年（宽政四年），松平定信在浅草向柳原设立了町会所。这是运作商人资金，以开展贫民救济、储备防灾物资的一家金融机构。

第三章 十八世纪的政治改革与社会

农村骚乱——贫农上前发声

在农村中，隆重热闹的祭典与平稳的日常生活相互交替。不论任何村庄都有可能发生农村骚动与斗殴。在以村庄为单位上缴年贡米、负担各种劳役的制度下，村官被委以大范围征收地租及监督的权力。很多村官往往按照自己的判断行事，这就存在着营私舞弊的可能。另一方面，小农户也变得强大起来，不会放过村官的舞弊或独断专行，因此，以诉讼方式来揭发舞弊行为的农村骚动频繁发生。

小农户们大规模地提出申诉，内容涵盖有关年贡、村庄收支账目的作弊、募捐、向驿站提供人马劳力的分摊、冒领田地、滥用公共土地等不合理现象。他们果断、勇敢地揭发不公与营私舞弊等行为。家族门第，还有围绕着代表门第的标志（大门的结构、棺木的样式规格等）发生争议。土地兼并加速，贫农的大米年贡负担日益加重，这一切都随农村社会的变化，纷争日益激化。村庄中的经济、政治势力之间的关系一旦发生改变，村民会不再拥护村官，要求村官离职。新旧势力之争也会引起分村运动①的出现。虽然农村的财政规模扩大了，却没有在每年的监察工作上下功夫，这也是骚乱

---

①分村运动，指许多村民自愿迁往新开垦的土地上去居住，小村庄从原有的大村中分离出来。

频繁的原因之一。农村骚乱的起因，一开始是小农户提出诉求，然后由领主进行说服，劝告农民私了。或是由周围的村官、寺院僧侣等出面充当仲裁人，促成和平解决，多以（和解证明）文书为凭来明确纠纷已经解决。也有村民因要求无法得到满足而转变为暴动的情况，于是纷争会变得长期化。

一七九二年（宽政四年）二月，武藏国（今埼玉县南部与东京都部分地区）都筑郡增上寺领王禅寺村大约有七十户农民，其中五十八户的代表弥太郎、新左卫门、农户代忠兵卫、小平次等人提出：一、减少村庄所需的开支；二、农户代表参与分摊年贡和经费开支、项目审核；三、将年贡缴纳期间接待官员的费用，从每户均摊的方式改为按照所属田地产量的高低来计算；四、年贡缴纳的经费也应从按照门户均摊改为以产量高低的比例来收取。农民代表与村官一番交涉后，以上四项均遭到拒绝，他们便向领主控告村官的违法行为。被控诉的是村长志村忠藏、伊左卫门，以及年寄（头领）传右卫门、庄藏等四人。官方虽然答应允许农民代表出席并监督分摊数额和计算的工作，其他的要求则以惯例如此和物价高的理由而被否决。按照户数分摊对上层农户有利，以产量高低进行分摊，按照财力定出的份额才是合理的。

领主让村官和农户代表双方私下协商，自行解决，进行整理有关账簿的工作，修订土地田亩册一览表和年贡账簿，新编制各户的年贡账簿。在这个过程中，允许农户代表参与、监督分摊数额与缴纳年贡的数量变动。小农户的要求大部分都得到实现，此外，财产登记一览表、年贡账本的副本，则要保存到农户代表手中，并将经费使用的明细与分摊方法都写成明文规定的"村协议书"。

《地藏堂通夜物语》与佐仓惣五郎

当局无法兑现对农户许下的自给自足的承诺，在合法上诉又不被受理的情况下，农户就会采取强行控诉的违法行动，他们蜂拥至领主城下；途中会袭击辅助执行藩政的村官和富豪农家、贪图高利的当铺、垄断囤积谷米的商人等的房屋，将屋内的用品、财物砸个粉碎。农民暴动是与反对增加负担、强化统治的改革新法相关联的，他们要求沿用习惯的做法。扩大商品生产、实行专卖政策的范围一旦扩大，人们要求自由买卖的暴动也会增加。他们依旧会对统治者感恩、要求将负责新法的人员由官方下放到民间，同时还会强迫领主以仁政方式解决问题。对近世国家而言，百姓一揆对为政者施加的政治压力往往超过行动本身的破坏力。

幕府首次在《御定书百条》中，对农民暴动的惩罚条款做出明文规定。一七七〇年（明和七年），以告示板的方式颁布了一揆禁令，明确区分徒党、集体强行上告、逃亡等罪名，以一百枚银币做"奖金"，来奖励揭发暴徒的人。各藩也按照各自的实际情况发布了一揆禁令。

在激烈的骚乱与集体强诉的风气中，《地藏堂通夜物语》这部作品颂扬了一位村长在伴随着激烈的打砸暴动的强诉中，为万民的福利挺身而出，舍身提出控诉的英勇事迹，他的故事家喻户晓。在大规模的百姓一揆后，这件事被写成小说，手抄本广泛流传于周边地区，留存至今。这些都出自当地有识之士的手笔，他们描写苛政与抵抗，展示了领导人物的同情、反感等，手法鲜活生动，表现出民众对仁政、仁君的渴望。百姓一揆物语成为社会对一揆的一种记忆形式。

《地藏堂通夜物语》是关于义民佐仓（木内）惣五郎的真实故事，在下总国佐仓的胜胤寺地藏堂，以云游四方的僧侣、庵堂主人六部，聆听惣五郎夫妇的亡灵讲述事件经过的形式演绎出来。据说，这部作品的创作要追溯至元禄时代，是当地发生的故事，又经过了几个阶段的改写才成为《地藏堂通夜物语》。《堀田骚动记》《佐仓骚动记》等，也都是从中派生出来的。幕府末期，以这些故事作底本的歌舞伎剧目《东山樱庄子》在江户上演，大获好评，有关这个事件的民谣也广为流传，惣五郎的传说成为流传全国的故事。

故事从下总国佐仓的领主堀田正信施行新政开始，郡内所有的村长都希望废除沉重的赋税与劳役。他们先到郡奉行，接着又到藩家老面前提出要求，均遭拒绝。他们来到江户的藩邸请愿，也遭到了拒绝。后来，六人拦住老中的轿子作越级上诉，也被批驳下来。最后，惣五郎单枪匹马向将军直接提起上诉。《地藏堂通夜物语》的时间设定于一六五三年（承应二年）。最后，领地内的农民终于如愿以偿，但惣五郎夫妇及四名男子被判死刑。由于他们的冤魂作祟，崛田家族也绝了后。

在崛田氏时代的公津村的土地田亩册中，记载着这样的说法，惣五郎拥有二十六石左右的田地，"公津村农民惣五郎，犯罪被罚之时，辩称自己蒙冤，大骂城主，后慷慨赴死，后惣五郎时而化为鬼魂作祟，终灭堀田家族。世人为祭其亡灵建祠，名为'惣五宫'"。看来，惣五郎是真实存在的人物，后来由于某个事件而被处死。这个故事在农民暴动风起云涌的时代风气中，演变成佐仓藩领地上发生的暴动故事。《地藏堂通夜物语》一类的义民故事，发挥了限制领主偏离常规法治的作用。根据史书的记载，堀田家族被没收领地，贬为庶民，这正是下总国佐仓的领主堀田正信提出批评幕府的意见书没有得到回复所致。

反对均分土地的农民暴动

一七九六年（宽政八年），伊势国（今三重县南部）一志郡津藩领的山田野村十八名五人组[①]头领与农民佐太夫，经多次动员，说服了各村共同举行请愿活动。权吉走访北邻的八对野村，忠助则前往大村的传九郎的宅中，佐太夫去川口村，利八到做买卖时熟悉的南出、佐田村等去活动。

陷入财政困难的津藩，希望以生产来促进政府收益，推进改组农村的宽政改革。一七九六年，政府命令无限延长借贷的还款期限，下令对极为棘手的三十八个村庄实行田地分割令，将山林田地进行重新划分。加强监督，设置常态的"常廻目附"，监视杀害婴儿的堕胎行为，对村庄进行监督巡逻，实行"俭约令"，建立"围谷义仓"。当时有人请求停止对共有的田地重新划分，但藩的态度强硬，下发了暴动信息的传阅文书。平时，在大、中、小农户之间就存在着利害纠纷，但这一次重新分割土地、贷款一笔勾销的命令反而使三个阶层的农户团结起来。十二月二十六日，暴动群众身披

---

①五人组，江户时代实行的邻居互保制度，以五户为一个小组单位，实行犯罪连坐制。

蓑衣，头戴斗笠，手持竹矛，腰插斧头，开始举事。他们开始放枪，人数增至数千，呐喊之声响彻云霄。他们还煽动说，若谁不加入此次行动，就要放火烧掉他的家。队伍一路向津城进发，途中遇到"常廻目附"和拥有大片果树的大庄屋①的住宅，便将住宅中衣物等各类用具砸个稀烂，还将五谷、味噌、酱油撒到地上，又用锯及斧截断建筑上的木柱，砸碎瓦片。

藩派遣郡奉行、乡代官出动，藩武士加强防守，以保护城下町，还出动了伊贺忍者来探听消息。对于继续进行破坏的一揆群众，藩枪队放空枪，以长矛对付，还设置了石火矢炮台。二十八日早上，加判奉行②陈述说，下克上的风气一旦扩大，日本全国都会骚动起来，将无颜以对天皇和将军，把写有请求愿望的文书交给一揆民众。

一揆发生后，包括郡奉行在内的许多官员被处分，一揆的领袖、能说会道的大庄屋池田佐助、村民会会头町井友之丞、庄屋森彦兵卫及其党徒森惣左卫门、多气藤七、庄屋仓田金次、传九郎、佐太夫、嘉内、藤松被捕入狱，町井友

---

①庄屋，江户时代，关西地区将村长称为"庄屋"，而江户一带的关东地区则称村长为"名主"。
②加判奉行，有资格出席官方评定会议的官员。

之丞、森惣左卫门、多气藤七被枭首示众。不久之后出现了名为《岩立茨》的一揆物语，后人建立了表扬三名被枭首者的显彰碑。

第四章　江户时代后半期的文化

石川大浪笔下的杉田玄白画像［文化九年（1812年）玄白八十岁寿辰像］（早稻田大学图书馆藏）

第四章 江户时代后半期的文化

1. 近世人的生活与文化

茶道与喝茶风尚　　随着民间社会的发展，日本近世文化表现出三个动向，即从"上方"（京都、大坂）东渐江户、由中央传播至地方、从上层普及到下层。此时的身份社会虽然尚未瓦解，但已呈现出缓和趋势，不同阶层的文化相互浸透。处于两者之间的中间阶层充当了交流通道，从而衍生出文化的多样性来。民间文化的牵引力十分强大，大批既是幕府官僚，同时又活跃于民间文学创作的文人中人才辈出。如身为幕臣而活跃于"狂歌"①与"戏作"脚本创作的大田南亩，还有彻悟了"町人"绘画之精髓的大名之弟酒井抱一。一方面，他们身份及贫富悬殊，却同时促进了无法将统治者与民众截然分开的"近世文化"的发展。

一八三八年（天保九年），江户千家茶道流派的宗匠宗

---
①狂歌，是一种谐谑滑稽的通俗短歌，在江户初期和中期十分流行。

三从汤泽来到秋田藩领的院内银山町①。他经营一家旅馆的同时还行医。具有银山二掌柜资格的门屋养安,曾短暂地拜宗三为师,学习茶道,后来便向周围的人表演茶道。宗匠出道之后举行茶会,每次只招待七名客人(后排座位还有十二人)。他的"会席献立"②上写有:米饭、香咸菜两片,放入芹菜与豆腐糟油的汤汁、鱼贝醋腌凉菜,用麸拌着压平的栗子、青瓜、香菇,平碗料理有生姜蓉、茶碗蒸豆腐,清汤中加上烤麸和天然罕见蘑菇,核桃、烤番薯、紫苏穗作小菜。款待完浓茶之后再献上薄茶。

日本近世社会中,不问身份高低,进餐时都要饮茶。而遵照饮茶礼仪的茶道,名副其实地将日常生活规范为一种模式,进而提升为生活艺术,这是建立于广泛的生活文化基础之上的。十七世纪的农书《百姓传记》中,有"茶乃上下万民享用之物"的记载,并记述了茶叶的施肥栽培法。十九世纪的《广益国产考》一书中,记叙有"家家户户无日不用茶",更是发出叹息,农民原本是懂得自己制茶的,但由于没有茶园,反而要从街市上购买,书中还建议农民可自

---

①如今汤泽是秋田县的一个市,"院内"是秋田县的地名,"院内银山"为江户时代日本最大的银矿。
②"会席献立":茶会菜单。

种几株茶树。

千宗旦以乱世茶道为祖,到了太平岁月,他的茶道达到了一种简素质朴、闲寂恬静的"茶境",继而出现了表千家、里千家及武者小路千家这三个千家流派的茶道,与远州流、石州流等茶道名家流派一起列为"武家文化"。在江户城以及大名的藩府邸款待宾客的应酬礼节中,喝茶成了不可或缺的礼仪。这样,便出现了具有强烈禁欲性质的茶论,在大名茶道中,把千利休视为"茶圣"(《南方录》),批判松平定信、松平不昧等人使用的茶具。茶道的意识是从战国时期的"一期一会"①而来的,后来进化为井伊直弼的"独座观念"。然而随着茶道享受者逐渐超越了身份阶层,从而"茶道"演变成了太平盛世的人们的一种嗜好,是理所当然的。

十八世纪,茶道确立了"家元制度"②,在享受茶禅一体乐趣的同时,还创出了提升喝茶感觉及技巧的"七项仪式"的练习方法——"花月、且座③、回炭、回花、茶歌舞伎、

---

①一期一会,茶道的心得,意思为一生之中仅有一次的聚会与相逢,提醒人们要珍惜与友人相聚的机会,珍惜与不断流逝的光阴之中的"此刻"的邂逅。时过境迁,下一次的相聚与茶会,与这一次当然迥然不同。
②世代相传的掌门人制度。
③且座,邀请三位客人,东道主一人,半东(东道主的助手)一人,共五人举行的茶会。主客表演花道,次客添炭,三客焚香。东道主献浓茶,半东献薄茶。

一二三[①]、员茶[②]"。

家元制度　　中世以来，特定的贵族拥有从事某项产业（例如纺织业、铸造业等）生产的专利许可权，称为贵族祖业，作为收入来源。到了江户时代，贵族祖业仍然传承不绝，他们的产业与工商业界的产业相互竞争，谋求社会赋予自己的贵族祖业及他们成立的共同行业组织以权威性。这样一来，贵族祖业反而重新呈现出活跃的气势来，这就是地方贵族祖业的惯例性绵延现象（受领[③]惯行）。

然而，艺能界各派的"家元制度"是并非出身于古代贵族的工匠师傅，而是得到许可而袭用其宗匠的艺名，由该流派的弟子们组成的阶梯式艺术家组织。袭用宗匠之艺名，方具有权威性。弟子们并非单纯为了谋生，而是必须具备一种技能修养，在生活中要成为一个独当一面的开拓者。从这一点上来说，"家元制度"与贵族拥有祖业专利是截然不同的。

[①]一二三，客人对茶会主人的评价方式，要从点茶技术的巧拙、态度、缓急三个方面来进行九个档次的评价："月之一"为最高分，其次是"月之二""月之三""花之一""花之二""花之三""一""二""三"。
[②]员茶，客人按照抽签来决定饮茶顺序。
[③]受领，即接受了天皇所赐封地的地方古老贵族。

第四章　江户时代后半期的文化

"家元"这一古词，于一七五七年（宝历七年）在马场文耕所著的《近世江都著闻集》中首次出现。这是始于十八世纪后半叶的身份制社会的一种文化现象，因文化向社会下层普及，习艺者不断增加。

十八世纪以后，在三都（京都、大坂、江户）以及各地的都市中，都出现了富裕的町人阶层，这些当代商人、工匠，开始参与游艺文化，学习茶道、花道、俳谐、音曲，呈现出热火朝天的盛况。到了十八世纪后半叶，不单是家境富裕的商人，市民的女儿们为了学习礼仪，进入武士府邸帮工，希望能邂逅美满姻缘，也学习日本琴、三味线、小呗[1]及舞蹈等。

在学习各种技艺的热潮下，越来越多的人希望能从宗匠那里直接得到免许状[2]，来作为自己接受过正统技能训练的证据。但不久之后他们才发现，在城镇中"得到艺名的师傅"只获得了传授技能的权力，最终让他们成为"正式传人"的免许权则是来自近世宗师系统垄断的"家元制度"。十八世纪中叶以后，町人社会中盛行茶道、花道、香道、三弦演奏与

---

[1]小呗，一种起源于室町幕府时代的民间歌谣。主要收录在《闲吟集》《隆达小歌集》中，多描写世俗的恋情与人生无常。到了江户时代末期，演变成了三味线歌谣。
[2]免许状，流派成员传授该派技艺的许可。

说唱等，不同种类与流派的"家元制度"在社会上普及开来。在各种游艺文化社会中，包括日本传统音乐在内，都出现了"家元制度"。源氏流的花道掌门人千叶龙卜，弟子人数高达一千三百余名。一七八四年（天明四年）在浅草的梅园院中举办大花道会，展示了弟子们创作的数百件花瓶插花。花道盛行的基础，是十七世纪园艺书的广泛刊行等。日本人如何观赏花卉？如何建造庭院？这些喜好正起源于江户社会观赏樱花的氛围。

《真澄游览记》——地方志及名所图会[①]

正是因为天下太平、社会稳定，才有可能出现一批过着漂泊生活的文化专家。这些人并非乱世中的隐居者，他们与居住在全国各地的循规蹈矩的名士交往密切，形成了漂泊者与安居者的组合。元禄时期的俳句诗人松尾芭蕉，与十八世纪中后期的与谢芜村都过着这样的生活。小林一茶亦是其中一位，他在十九世纪前半期，经历了长达六年的俳谐游历之后，最终定居于故乡信浓，并编成了自己的俳句集《俺的春天》。

---

①名所，名胜。名所图会，江户时代末期刊印的一种带有插图的介绍全国的名胜古迹和江山胜景的书籍，插图的风格都偏向于写实。

第四章　江户时代后半期的文化

在尾张藩的药草园工作了十年的菅江真澄，于一七八三年（天明三年），离开三河国，开始游历，经过了信浓路、越后路、出羽、陆奥，到达虾夷地。他在旅途中遍访名所古迹，用日记及绘图形式记录下了沿途的生活及民俗风情，留下了五十余册的《真澄游览记》。菅江到津轻藩后，与文人、医师展开交流，在藩校的药物御用部门任职三年。他一度被视作可疑人物，所写的日记被扣留，并遭到软禁。一八〇一年（享和元年），菅江来到秋田藩，受领主委托编纂了出羽六郡（今山形县、秋田县）的地方志。他虽然屡次遇挫，却始终全心致力于完成基于精细调查的图鉴型地方志，不幸的是，尚未完稿，菅江真澄便溘然长逝了。在这期间，幕藩当局和民间文人编纂的风土记及地方志互不相让，竞相显示出不同立场的作者们的历史观和文化素养。

由于那些过着安定生活、享受太平盛世的人们，不忍心看着那些倒毙于途、病死荒郊的孤魂野鬼漂游不定，于是大家慷慨解囊在各地每隔一里便竖立一座里程标志的土堆，上面种有树木，树荫供旅客休息，长明灯、渡船码头等设施也都增加了。人们取得来往各地的通行证之后，便会启程外出，前去参神拜佛、游山玩水。

十七世纪后半叶，京都和江户出现了大批满足旅客好奇

161

心，带有插图的名所案内记①。继京都的读本作者秋里篱岛，于一七八〇年（安永九年）编辑的《都名所图会》之后，各种名所图会先后出版，通称百科事典画册。如《和汉三才图会》，除了插图，同时还提供百科全书式的名所资料，在描绘名所景观的同时，也细致地描写相关神社、佛寺的祭典和法事、民间祭礼、节日庆典之类，还有对四季风俗的详尽描写，更有相关的和歌、俳句的注释，出现了很多只要看名所图会就能享受置身名所观光旅程般乐趣的书籍。此外，除了京都的名所外，从事制作大和、河内、和泉、摄津、东海道、木曾路、须磨明石、伊势路、播磨、近江等地方的名所图会的作者也不在少数。人们通过游览名所、观看祭典，忘却自己的尘世身份，解放自己的心灵。

城镇文人与乡间的地芝居②

各地知识分子与文人，接纳游历文化中的宗匠及来自中央的文人，他们之间进行了频繁的交往。在城镇中维持生计的同时，也从事文化活动的文人层出不穷，形成了城市

---

①名所案内记，名胜旅游指南。
②地芝居，江户时代的戏剧、曲艺、歌舞演出，目的是为公益事业筹款。日语的"芝"是草地之意。芝居，是观众在台前的草地上观看。

与乡村深厚的文化根基。这种多姿多彩的文化呈现在俳谐、和歌、地方志、茶道、剑道训练的共同组织之中，培育出了执着于历代相传的地域意识与涵养。最终，诞生了一批对时势敏锐、对政治和文化独具批判性慧眼的人。

铃木牧之是越后国鱼沼郡盐泽贩卖特产的商人，还从事当地特产绉绸的中介业务，同时经营着一家当铺，也是一位俳句诗人。他是恒右卫门与阿丰之子。牧之自少年时代起就练习书画，与来自越后国的文人交往。同时，他也继承了家业，努力经营。铃木牧之十九岁时，为了绉绸生意，第一次来到江户，那里的冬天无雪启发了他想描绘家乡雪国、让人认识雪乡的艺术构想。他利用做生意的闲暇，研究越后的风土，一七九八年（宽政十年），他将自己的《北越雪谱》草稿拿给江户的山东京传过目，还拜托（曲亭）马琴帮忙出版，但事与愿违。直到晚年，即一八三七年（天保八年），这部书才终于成功出版，赢得好评。铃木牧之是他的俳号。

在这类文人的周围，有许多居民开始享受文化及娱乐。他们的生活充满艰辛，对政府的不信任开始产生，然而这些痛苦都是源于生活水准提高而萌生的。乡间与城市的分野一方面造成了落魄背井离乡者的出现，另一方面，村町也在不断提高文化水准。

奥州的幕府直辖地宝坂村的村长以"万觉帐"为题写下的日记，记载有"中石井村幸八聘请偶人戏班，班主为花屋又四郎"这样有关周边乡村祈求风调雨顺的祭神戏、节日娱乐等活动的内容。同村村长家族中的一位农民也写出了《我一生见闻知觉书》这部类似于地方志的记录并流传后世。

明和年间（一七六四年至一七七二年），出现了多姿多彩的演出活动，如狂言[①]（大夫[②]大谷和田次，川上、川下村，川下村的《东监御狩之卷》，中石井村的《东山万代础》，日向内村的《八幡宫劝化狂言》《丰岁之势旭车》，表木村的杂技狂言）、歌舞伎（江户演员板东又太郎，东馆村，川下村，以及塙的杂技歌舞伎）、木偶戏（中石井村，座元大萨摩缝左卫门，下关河内村）、相扑（下石井村，户冢村《劝进相扑》）、地狂言、地芝居（塙，上石井村的《婚礼武勇镜》，宝坂村的《天庆记录浮世镜》，台宿村《角头浅源氏》）、女艺人的各类表演艺术，另外还有八人艺表演（宝坂村，座头，竹之内、入宝坂、高野谷地村）等。为了观看这些表演，邻

[①]狂言，江户时代流行的一种小型喜剧，通常演员仅有二至三人，只用科白，没有唱段，不同于贵族武士喜好的能乐。
[②]大夫，演艺人团体之长、净琉璃说唱家，同时也是狂言剧团中的资深演员或长老级人物的名誉称号。

近城镇及乡村的民众蜂拥而至，表演评价也流传到远近各地。

料理书籍与民具① 城市底层聚集了许多贫民，他们在日常衣食住行中挣扎，而这个世界的范围在不断扩张，与此同时，都市的生活模式和消费水平也在逐年提高，新事物的流行此起彼伏。

茶屋是都市式消费热潮的最前沿。有建在路旁只提供轻食和短暂休憩的休茶馆，也有接待抱有不同目的前来的顾客的料理屋，如"编笠茶屋"②"引手茶屋"③"角力茶屋""芝居茶屋"等。但"煮卖茶屋""菜饭茶屋""豆腐茶屋""料理茶屋"最有人气，成为同业町人聚会、俳句会、游兴会的场所。

在这种背景下，料理书籍开始问市。元禄年间就出版了大部头的系列书籍《本朝食鉴》。到了十八世纪后半叶以后，书籍的出版种类激增，有《歌仙编组》④、《料理山海乡》、

---

①民具，生活用具。——编者注
②编笠茶屋，店方向客人提供遮住颜面的草笠的青楼。
③引手茶屋，向客人介绍青楼的茶馆。
④《歌仙编组》，平安时代出现了三十六位著名的和歌诗人，到了江户时代，俳句吟咏会也出现了三十六人相继吟出俳句的诗歌大会。这本书介绍了"歌仙形式的俳句会"的举办方式，以及歌仙诗会上的料理。

《献立筌》(菜谱大全)等娱乐性较强的作品,也盛行利用丰富的和汉文献,以满足读者文化品位的书籍,如《豆腐百珍》《薯类百珍》等介绍料理方法的书籍。高级料理屋"八百善",把极尽奢华的食谱编成一部《料理通》,请知名文人作序,卷头还装饰着画家的插图,由"八百善"店方自己出版。"鮨屋"数量增加之后,除了加工业、医疗用途之外,食用醋为餐饮业提供的酿造量也相应增加。农村开始种植城市需要的食材作物,还出现了一些渔村向江户提供像"青柳料理屋"那样的蛤贝类的海鲜食材。

食器也随着陶瓷器和漆器的发达而变得多姿多彩。但在家庭生活中使用的民具的基础,它们不但讲究使用方便,也讲究美观及安全性,这种趋势蔚然成风。制作民具的工匠们苦心孤诣地开发出价廉物美的用品,如受到人们喜爱的木屐和梳子,既实用又美观。与此同时,民间的这种潮流也涌进了武士的生活,平民的生活方式超越了阶级的壁垒。

关于食事的民具中,烹调器具有锅、釜、桶、砧板、研磨杵、研磨钵、菜刀、豆腐制造器与磨粉器、臼、杵、长柄勺子、盐壶、锅垫、笊篱等,饮食用具有碗、筷、膳桌、盆、茶具如（茶桶、茶筅①、茶勺、茶臼等），吸烟用具也与食事民具的情况相仿。

消灾招福与极乐往生　　近世人在日常生活中用多神信仰的现世利益来抚慰心灵。寺檀制度使民众习惯于将佛教浸透到葬礼及供奉祖先的礼法之中。僧侣不单讲解佛法和主持葬礼，也充当现实生活中大小纠纷的调停人。由于外人不得擅闯寺院，因此这里也被村民当作避难的场所。然而，近世人并不单向佛教寻求心灵的慰藉。在城乡中除寺院外，还有不少神佛混合的庙堂，路边可以看到地藏菩萨、庚申冢②、马头观音③。这一切的信仰中心是供奉着多位神灵的镇守神社，起守护土地安全的地神的作用。商讨管理和维持镇守神社的堂守设施等大小诸事，刺激了民众对居住地的归属感，形成居住地意识。居民在神前奉献舞狮，远近的人们前来祈求平安，悬挂夸耀居民团结的"绘马"④，人们还用

---

①茶筅，由一截竹筒经精细切割制成，形如竹刷，用以搅拌茶汤，使末茶和水均匀混合，并产生一层泡沫。——编者注
②庚申冢，源自道教"三尸说"的庚申信仰者祭拜的高土台，以青面金刚为本尊。——编者注
③马头观音，马匹的保护神，这是江户时代的信仰之一。
④绘马，指绘有马匹的匾额或木板献给神佛，绘制的马代表向神佛敬献马匹。今天的绘马也有白色小木牌形状的，敬献者在上面写上自己的心愿。

参加聆听各种宗教讲义的方式来证明自己对神佛信仰的虔诚。

以镇守神社为中心,诸佛诸神向人们承诺极乐成佛、伤病痊愈、安全息灾、相互融合等不同效应。然而,近世人并不认为单靠自己乡村的诸位神佛就能实现祈求结果。人们知道乡村的寺院都处于末位,总寺院中有德高望重的高僧,如果向村里的神对于求雨不灵验,人们就会向更灵验、更强的远方之神处去祈祷。神灵也有等级,伊势神宫、春日社、诹访大社供奉着全国性的神,有最大的威力。人们从来到村庄的"御师"① 口中听到了这些知识。

近世人喜欢亲身体验,精密观察,在医疗方面出现了养生书与常备药,而经营生活方面的大变化,是从神威神罚转向了法制。大体上而言,这其中显示出的变化并非由哪一方占优势,某一方被完全排斥在外而产生的。在农作物的防虫方面,开始用鲸鱼油驱除害虫,同时仍然依赖民间"送害虫"的习俗。预防天花的接种疫苗是俄罗斯的漂流民以及西医和藩医们所引进的一种新方式,但咒术式的预防和治疗法依然长久不衰。

人们非常重视某些前兆,认为会给自己带来好运。谁做

---

①伊势神宫中负责担任参拜者的向导,安排食宿的低级神官。

出反常的行动，谁就会被视为被狐狸迷住，要狐狸写下"退散证文"。这是在共同体中与病弱者共存的一种方法。在城镇居住的山岳信仰的修行者，与"巫女"①结为夫妇，收费为人举行驱除烦恼的"加持祈祷""咒术"等。前往出羽三山②的山岳崇拜，作为信仰之心与行乐愿望结合而成的做法，盛行一时。人们在"御师"率领下，一身修行者的装束，身着白衣，手持金刚杖，口唱"六根清净"，登拜富士山。其中，也出于"御师"积极经营，再与女性的行动意志相结合，出现了男男女女都去登山的现象。于是，"女人禁制"的法规便退到一边去了。

---

①巫女，神社中的女性神职人员，被看成是神的女儿，念作"みこ"，与天皇的"皇子""皇女"是同音词。
②羽三山，山形县的羽黑山、月山、汤殿山。

2. 民间社会的文化与艺术

出版文化　　在文化方面，大坂比京都更占优势，与京都、大坂相比，江户的文化也在发展。从整体上而言，京都、大坂和江户是文化中心。此外，更低层的民众也开始参与文化生活。

十九世纪前半叶是"读本"（因果报应、道德教训小说）、"滑稽本"（庶民生活题材的滑稽小说）、"人情本"（描写江户市民恋爱生活的小说）、"草双纸"（通俗插图小说）、"合卷"（将多卷本合订为一册的小说）大量流行的"町人文化全盛期"，即化政文化[1]开花的时期。十八世纪前半叶，已经出版了将近一万种书籍。大冈忠相命令书籍批发商制作的目录有七千四百四十六种。"浮世草子""绘本"是从"上方"（京都、

---

[1]化政文化，文化、文政年间（1804—1829）以江户为中心发展的町人文化。——编者注

大坂）"下移"而来的，但江户却逐渐占领了优势。一八七〇年代以后，"洒落本"（青楼小说）、"黄表纸"（黄封面小说，将青楼题材与批判内容结合在一起）的"地本"（江户出版的版本）小说等已超过了"上方"。此外，民间书肆经常发行"武鉴"，以武家社会的信息为卖点。

小说、军事类的书籍通过出租书店，得以流传到许多男女读者手上，出租书店多是小规模的，其中也有像名古屋的大野屋惣八经营的租书店那样，拥有两万部以上书籍的租书店。十九世纪，江户的出租书店有日本桥的南组、本町组、神田组等十二组行会，有六百五十余间店铺加盟，大坂则有三百家以上的出租书店。

当局对出版的限制也加强了，十八世纪前半叶已颁发了正式的监管令，以政治批判、扰乱风俗、败坏风化为理由的"文字狱"相继发生。山东京传是江户深川一家当铺老板的儿子，他最初学习浮世绘，以北尾政演的笔名为"黄表纸"充当画工，后来又以山东京传之名开始写作。他的作品《御存商卖物》得到大田南亩的赏识，成了他的成名作，同时他又作为一名画师，活跃于狂歌绘本领域。山东京传的《江户生艳气桦烧》大获好评，使他成为"黄表纸"小说的主要作家。其作品以吉原花街柳巷的生活经历为内容，加上练就的精致而写实的笔触，京传成了"洒落本"的头牌作家。一七九一年（宽政三年），宽政改革时，他出版了《锦之里》《娼妓绢籭》《仕悬文库》，并为此遭到处罚，戴枷五十天。

同时，出版商茑屋重三郎也被处罚。最初他在吉原花街柳巷门口开设贩卖花街指南书的细见屋，随后移到

鸬鹚斋荣里的山东京传画像（东京国立博物馆藏）

通油町，成为江户本地出版书籍的批发商。由于得到大田南亩、山东京传等走在时代前沿的狂歌师、戏作者的协助，茑屋重三郎不断出版"草双纸""绘本""狂歌本"的名作，并积极印发彩色浮世绘版画，推进曲亭马琴、十返舍一九、美人画家喜多川歌麿、描绘艺人的画家东洲斋写乐等奇才的作品不断问世。一七九一年（宽政三年），茑屋由于出版了山东京传的"洒落本"，被判罚没收一半财产，但他却仍不失铮铮铁骨。这样的出版活动，成为培育近世人审美意识的催化剂。他还将来客分为通晓花街柳巷的老手、爱好青楼人情世故的

熟客两大类，营造出一种嘲笑那些俗气粗野之人的气氛来。

从净琉璃到歌舞伎　　一七六五年（明和二年）丰竹座剧团开始走下坡路。从丰竹座剧团创办，至一七六七年竹本座剧团退出艺坛为止的六十年间，是人偶净琉璃傲视群雄的黄金时代。然而，随着木偶制作技术的发达，其动作变得更加自如，只着重外观效果的作品不断增加。此外，歌舞伎敏锐地发展了净琉璃大受欢迎的狂言剧目，因此人偶净琉璃受欢迎的程度开始衰退，以吟唱为主的"清元小调"及"常磐津"开始大行其道。

歌舞伎吸收了民间表演艺术、能乐、狂言及人偶净琉璃的要素，孕育出紧贴町民生活的美感。歌舞伎不同于能乐的仪式化乐曲艺术，加进了新元素，具有兼收并蓄的包容性，以净琉璃具有的高度文学性与三味线音乐为基调，确立了一种程式化的演出模式。

《助六》这个剧目体现了从净琉璃到歌舞伎由"上方"到江户的演出盛况的转移。

此剧目取材于十七世纪后半叶发生在大坂的一件真人真事。商人万屋助六与岛原游女扬卷相爱而殉情。在京都、大坂一带，已经有人根据事实改编出歌舞伎剧本《助六情死纸子姿》《京助六心中》，人偶净琉璃《纸子仕立两面鉴》等剧目。一七一三年（正德三年），这出戏又传到江户，成了《花馆爱护樱》，由市川团十郎二世担任主演，这出戏终于跻身江户歌舞伎的代表性剧目，成为歌舞伎十八出主要剧目之一的《助六所缘江户樱》。其中的舞蹈演出也十分出色，包括濑川菊之丞二世首次演出的"长呗"[①]《女助六》在内，中村歌右卫门四世的八个变身《花甑历色所八景》中的长呗《助六》也原封不动地流传到后世，狂言的内容也由殉情故事变化为侠义故事：剧情为花川户的男侠客伊达助六（其实是曾我五郎），与江户吉原的游女扬卷相好，要杀掉武士髭意休，并夺回宝刀"友切丸"——恋爱情节加上武侠戏，在表现町人引为自豪的华丽风格表演上大下功夫，成为深受江户市民喜爱的剧目。

十九世纪的歌舞伎界出现了剧作家鹤屋南北。他把下层社会的生活写成了"生世话物"[②]，并将永无出头之日的人们的生活实况编成了"怪谈物"，打动了观众的心；感动之中

[①]长呗，流行于江户的一种长歌，起源于歌舞伎歌谣、上方歌谣，再加上净琉璃乐曲元素，成为江户舞台上的代表歌舞音乐。代表剧目有《劝进帐》、《越后狮子》等。
[②]生世话物，以写实主义手法描写町人生活的现代剧。

蕴藏着一种反抗,但并未明确一种主张与思想。进入说书场要收取门票费,"落语"[①]、"讲谈"等,使口头表达艺术达到炉火纯青的地步,这些演出形式也都诞生于都市之中。

浮世绘　　浮世绘也称江户绘,由于普及而得到长足发展。它源自日本传统的"大和绘",也吸收了武家社会的狩野派、土佐派的画风,喜好描绘风俗、花街柳巷及艺居町的情形。而美人画则上从描绘最高级妓女"太夫",下至"游女"、"艺妓"、茶馆的女招待、江户城中有传闻故事的商家女儿等人物。还出现了描绘歌舞伎演员姿态的肖像画,相扑力士也成了绘画题材。在"黄表纸""洒落本""读本"等滑稽小说中加入的插画也是浮世绘画师所绘,后来他们的作品又分为了风景画和花鸟画。风景画中有名所绘,以及道中绘。花鸟画上还会附上俳谐、和歌等,传达着一种敏锐而丰富的季节感。浮世绘是传递新信息的媒介,也有名人逝世后,为名人绘制肖像画以表哀悼之意的"死绘",大地震后还出现了以大鲶鱼和地震为主题的"鲶鱼画"[②]。

[①]落语,日本式单口相声。
[②]鲶鱼画,江户时代的民间信仰,认为地震的起因是由于地下的鲶鱼躁动引起的。家中张贴"鲶鱼画"可以起到保护全家平安的护身符的作用。

浮世绘以大量印刷的木版画为主流，也有亲笔作画的专门画家。浮世绘版画是由出版商策划，组织绘师、雕刻家、版画印刷技工三者合作方能完成的一门综合艺术作品。

草创期的绘师代表有菱川师宣，他生于安房国（今千叶县），活跃于江户，酷爱描绘江户名所。可以说，浮世绘是诞生于江户的艺术。

喜多川歌麿笔下的"辻君"（东京国立博物馆藏）

铃木春信在一七六五年（明和二年）的"绘图历比赛"中获得如潮好评。江户时代采用的是太阴历，为了知道月份的大小，制作了"绘图历"，浮世绘师们竞相作画，铃木春信将多版、多色的印刷技术大幅度地进行了提升，引人入胜。后来，他还作为美人绘师，有《吾妻锦绘》问世。

喜多川歌麿是出版商茑屋重三郎手下的专属绘师，在狂歌绘本及美人锦绘领域崭露头角。他摸索着应该如何去表现女性，把半身像放大描绘，表现出人物的心理状态，强调应在描绘容颜的"大首绘"上下功夫，成为美人画师的代表者。然而，他晚年却遭"文字狱"之害。葛饰北斋，七十年间孜孜不倦地从事绘画，一直自诩为"画狂人"。他不断探究新风格，在十八世纪大受欢迎。到了十九世纪，他接连发行了《北斋漫画》，最后集大成于《富岳三十六景》的风景、花鸟版画。歌川广重继承了父亲作为下级消防官员的工作，同时也锤炼着自己作为风景画家的才能，除了《东海道五十三次》外，他还绘出了大量笼罩于雨雾雪景之中，充满抒情意味的名所绘。

3. 上下扩张的教育活动

藩校的急增

"栽培庄屋[①]"的做法十分简朴,实际上却体现出了德川家统治的教育模式,应对了民间社会的膨胀式发展,完善了法制和政府机构。随着有如金融政策那样复杂的、具有诱导性质的政策变得日益重要,仅凭私塾和"道场"[②]的武士教育已变得难以为继,单靠武士的两把刀去制止非法行为已不可行。那么,用理念及伦理作为支撑武士风纪的有组织的教育就变得不可或缺。

因此,幕府以藩全体武士为对象设立藩校,从而形成各个藩主手下武士的独特风纪。有的藩校设立较早,到了十八世纪后半叶全国都设置有藩校。苦于财政危机的困扰,藩主只得暂时地依赖"献言"和"选拔人才",同时培养能够推进

---

①庄屋,村长。
②道场,武馆。

藩政改革的人才也逐步常态化。另外,幕府的"宽政异学之禁"(一七九〇年)指出,武士教育乃藩政之重要政务。有的藩校还允许非武士出身的人前来旁听,从身份制度的角度来看,这种做法显示了新的方向。

"时习馆"是熊本藩的藩校,一七五四年(宝历四年)设置于熊本城内,校名出自孔子《论语》中的"学而时习之"一语。这所藩校由研究学问的"时习馆"和武术训练的"东舍""西舍"组成。这里讲授朱子学、国学、古文辞学,还有算术、音乐、天文学。不限身份和年龄,人人皆可入学。幕府以此作为改革藩政的一环,努力培养人才。

"兴让馆"是米泽藩的藩校,创立于元禄时期。一七七六年(安永五年),作为藩政改革的一环,幕府对其进行了整改——建设新校舍、定校名、聘请儒学家细井平洲前来讲学。细井平洲教授汉学、书法、仪式礼法,从本藩的武士中选拔出二十名学生为中心展开教学,也准许其他武士和平民旁听。其后,在馆中建起"友于堂",又为通学的学生开设了"博习局",进行授课。到了十九世纪,又建立了"好生堂",讲授本草学、医学、兰方[①]。

---

①兰方,西洋医学。

至今仍保留于山形县鹤冈市的庄内藩藩校"致道馆"讲堂内部（照片提供：鹤冈市教育委员会）

"致道馆"是一八〇四年（文化元年）出羽国（今山形县）庄内藩设立的，徂徕学派①的白井矢太夫担任首位"祭酒"（校长），正式开学。白井是宽政改革中庄内藩推行的复兴农村的领军人物。创立和扩充藩校与藩政改革关系密切。在"致道馆"，藩武士们学习儒学、军事学，后来又逐步增加了从初等到高等教育的学科。

---

①徂徕学派，江户中期，由荻生徂徕开创的儒学流派，其影响遍及全国。

第四章 江户时代后半期的文化

超越领域的剑术训练 受到主君束缚的武士,"参勤交代"时要到藩主在江户的藩邸值勤或申请修业许可,前往江户剑术道场,以便与其他藩的武士交流。太平盛世中,剑术流派有所增加,武士子弟从青少年时期就开始到"道场"进行一定年限的学习,不披戴甲胄,进行"立会稽古"[1]。修养身心的剑术成了令武士醉心的嗜好。

剑术的代表人物是属于将军家的"柳生流"。柳生宗矩是首代指导将军兵法的官员,还有以柳生利严为始祖的尾张柳生家族。以这两大流派为中心,标榜"治国平天下的兵法",其门徒中有不少人受雇于大名之家。然而,到了十八世纪以后,由于后继无人逐渐发生了变化,新晋道场主兴办的民间町道场逐渐鼎盛。

千叶周作,出生于陆奥国(今日本东北地区)栗原郡花山村,学习家传的"北辰流"剑道,拜"一刀流"中"中西派"的浅利又七郎为师,又在宗师中西忠兵卫门下苦修,取得了"免许皆传"的证书。他周游列国,努力提倡"北辰一刀流"。一八二二年(文政五年),他开设"玄武馆",采用富于弹性而又简略的教授方法以及升级制度,门人不

---
[1]立会稽古,具有实战性质的比赛。

断增加，于是扩充道场，搬迁到神田御玉池一带，其弟千叶定吉也在京桥桶町开设了道场。斋藤弥九郎是越中国（今富山县）农家出身，一八一二年（文化九年），当了江户"旗本"能势祐之丞的家仆，进入"神道无念流"的冈田十松的"击剑馆"学艺，仅仅几年，便获得了代师传艺的资格，师傅逝世后，他开始辅助其嗣子。千叶周作学习儒学、马术、兵法、炮术，得到同门的江川太郎左卫门英龙的援助，开设了道场"练兵馆"。他还频频活跃于各方面，参与训练西洋枪队，筑造品川炮台，在尊王攘夷的问题上献计献策，等等。桃井春藏是沼津藩（位于今静冈县境内）武士的次子，一八三八年（天保九年），进入"镜新明智流"的桃井道场学艺。他的剑法得到赏识，被招为婿，并承袭桃井春藏之名，赢得世间的高度评价："位在桃井、技在千叶、力出斋藤"。"士学馆""玄武馆""练兵馆"中，聚集了来自全国各藩的习武者及藩主的短期随从，被称为"江户三大道场"。

这些道场培养出来的优秀剑客人才辈出，活跃于幕府末期的政治舞台之上。剑术道场是全国年轻人的汇聚之处，也是取得丰富的信息、增长见闻、结交同道之人的场所。

心学讲演之盛况 从事社会教学运动的"石门心学",显现出文化东渐与平民化的趋势。他们的教诲对社会而言是不可或缺的。石门心学由石田梅岩始创,也称"石门"。梅岩出身农家,在商家打工期间,学习儒学,在京都聚集町人开办讲座,讲解道义,致力于培养弟子。梅岩强调商人在社会中的职业本分,阐释并确立了"正直""俭约"的商业道德,在《都鄙问答》一书中有"创造财富乃商人之道,天下万民乃财富之主人"的阐释。

继梅岩之后,京都商人手岛堵庵,将梅岩的思想理论变得更加浅易,他将心学的志同道合者聚集起来,在名为"会辅"的组织中互相切磋,创建讲舍制度。手岛堵庵在京都以自家邸宅作为"五乐舍",另设"明伦舍""修正舍""时习舍"三舍,以三舍为中枢根据地,颁发各类认可证书。

一七七九年(安永八年),堵庵命令弟子中泽道二前往江户开设"参前舍",让学问从下层的平民浸透到上层武士。以播州(今兵库县西南部)山崎藩主为首的十位藩主都在中泽道二的门下学习,道二更开创了运用比喻、诙谐幽默的讲解模式,既让人忍俊不禁,又发人深思,让听众沉醉于他的讲解之中。

胁坂义堂因口舌惹祸,被京都的手岛堵庵逐出师门,他来到江户，得到中泽道二赏识，并被推荐到体力劳动者聚集处当讲师。胁坂的讲话以《心学教谕录》为题汇集成书出版，此外他还著有大量浅易的教训书。双目失明的柴田鸠翁，以京都为中心，巡回到十多个藩讲学，内容妙趣横生，世人为之倾倒，记录其讲道内容的《鸠翁道话》也风靡一时。就这样，心学变得与道话密不可分，"心学道话"[①]一词深入人心。

在藩政改革方面也有实施心学讲座的地方，意欲教导人们成为优良的服从者。心学强调士农工商并非身份的尊卑，而是根据从事的职业划分出来的，教导人们要为自己的职业自豪，逐步打破尊卑贵贱的身份观念。成年女性及少女也都纷纷前来，列席会场之中。

民众的学习　　武士佩刀出现于农村，但日本刀并非用来威胁农民缴纳年贡地租，而是用来保护传递用文字和数字记录年贡地租分配的文书，实践"文书统治"。"士农工商"中的"士"作为行政官员而大显身手。承办征收年贡地租的乡村官员，须识字和懂得计算，因此，

---

① 石门心学与人伦道德讲话。

数以万计的乡村居民很早就拥有阅读和书写能力。

随着民间社会的发展,从买卖和金融的证明文书,直到短小的通告,都是用文书形式写成的。一般人也须识字。农民暴动时不会相信统治者的口头承诺,一定要求拿到一纸文书。吉原的游女、客栈私娼的"奉公人请状"也都是一种证明文件。女性到武士家当佣工,事前也须具有阅读与书写的能力。有位商人家中的女佣用短诗"川柳"[①]咏出:

俯首握笔如摇橹,夜来习字忙。

不知是祸是福,这些平凡的"草包之人",也被要求能够识文断字,于是就诞生了称为寺子屋的私塾。十八世纪后半叶,寺子屋数量激增,这类私塾设在一个房间里,请来一位老师,招收二三十名六至十三岁的男女学童(即寺子、笔子)。在寺子屋里,人们用书信体的教科书作为往来信函的尺牍范本,通过反复练习,学习营生与生活必需的知识、技能及道德。私塾老师中有僧侣、神官、武士、商人、工匠、农

---

①川柳,从江户时代中期开始流行的一种十七音的短诗。与俳句不同的是,它不需要使用季语和切字,可用口语写作,主要用来揭露人情与世俗生活中的弱点,具有简洁、滑稽、机智、讽刺的特点。

民、女性等。寺子屋有不同的名称，也如寺院、镇守神社一样，发挥着共同体中公用设施的作用。寺子屋渐渐地超越了纯粹的私营学校性质，而开始带有公共性质，异于私塾那样的乡学——乡学是领主设立的学问所，以民众为对象的学堂，创办者都是乡村上流阶级中的有识之士，接受过高等的学问教育。

到了江户末期，平民之中有五成以上的人能够识字。虽然识字者的比率有所增加，但由于社会变动不断产生出没落之人，新的文盲由此产生。除了寺子屋和乡学，传统的共同社会也在继续发挥教育机能。在城乡的生活共同体中，青年组织在对下一代的教育中占有很大比重。青年组织是十五岁左右的青年集团。新成员们充当杂役，身份地位逐步上升。集团秩序全靠年龄和经验来维持，破坏规矩者会遭到制裁。为预防罪行、预防火灾，青年遵守协议、努力工作，是乡村祭祀与礼仪中的主角。政府时刻警戒，害怕青年组织会成为不满社会的发泄口，反复地颁布制度法令。

4. 不断演变的学问

国学的成长与变化 人们不断加深对现实的怀疑,同时还通过学术性质的研究,从根本上对其进行批判,希望能探明立足于日本的"生存"内涵,直至回归到世界观的层面之上。如此,几门学问都开始取得成果。这些成果回应着民间社会的深切期待,同时各门学问的独创性也得到加强。国学就是这些门类中的学问之一。

本居宣长出生于伊势国松坂的棉布批发商家庭,兄长逝世后继承家业,由于不擅经商,家道中落。他立志行医,到京都游学。本居宣长内心佩服奉行当时盛行的古医术的香川修庵并拜入门下。古医术是一种实证医学,须亲自试验来探究病症与药剂、针灸之间的关系。此外,宣长还受从"上方"传来的元禄文化气氛的熏陶,对关东的武威、禁欲统治的反抗,及对朝廷的亲近感逐渐增强。他拜汉学家堀景山为师,初次接触到国学。

本居宣长在松坂当了一名奉行古医术的城镇医者,开始执笔写作有关文学的文章,并开办讲座,主张要首先理解"物哀"①的文学精神,这是文学研究的真正开始。一七六三年(宝历十三年),本居宣长得到路经松坂的贺茂真渊②的启发,转而研究受儒学、佛教影响前的日本神话及神道,他将"神代"的众神和神的传闻解释成人们亲身经历过的事实。他站在这样的立场上对《古事记》进行了注释,花三十余年完成了《古事记传》。宣长的学问是从主观出发来抗衡儒学。他与主张回归古典的荻生徂徕③等人虽然同在学问之道上,却各有追求,各奔前程。④ 本居宣长宣扬说,所有现象都来源于神的考虑,而非人的智慧所能及。他站在神秘而不可知论的立场上,将所经历的实证精神与对神的信仰结合,与上田秋成⑤等

---

①物哀,本居宣长提出的日本古典文学的重要理念。"物",指客观审美对象,"哀",指审美者内心的喜怒哀乐等情感。"物哀"意思是"感物兴叹"。
②贺茂真渊(1697—1769),江户中期国学大家、歌人,研究古典,复兴古道。主要著作有《万叶集考》等。
③荻生徂徕(1666—1728),江户中期儒学大家,古文字学家。主要著作有《〈论语〉徵》等。
④本居宣长主张继承国粹,即《古事记》神话以来的纯粹日本精神,不承认儒教、佛教等外来思想对日本的影响。而荻生徂徕却是一位杰出的儒学大师。
⑤上田秋成(1734—1809),江户后期国学家,小说家。主要著作有《雨月物语》等。

第四章　江户时代后半期的文化

人展开了论战。

一七八七年（天明七年），受和歌山藩召见，本居宣长向藩主献上《秘本玉匣》，继续鼓吹一君万民的政治形态，主张在现实中被统治者应当服从统治者的法令。但是，本居宣长也表达了自己对现实的批判性认识，农民与町人结成徒党，强诉，是由"皆上之非"所造成的。宣长的嫡子本居春庭继承了国语学，养子本居大平继承了和歌文学研究，平田笃胤继承了神道论。

平田笃胤是秋田藩武士之子，来到江户后成为备中国松山藩武士的养子，自修国学，称自己是本居宣长生前的门生，自认是宣长学问的后继者，要将老师的学问规范为"古道学"。然而，虽然两者在阐释古道方面的目的是一样的，但他的方法和古道观却与宣长不同。平田笃胤并不把古道看作事实，而只是一种规范。平田笃胤解释说，世界始于天、地、泉，人死之后奔赴幽冥，便可得安心。他虽引起了宣长一门的反感，但他试图用亚洲及西方的神话来解释世界的形成。平田笃胤完全脱离了宣长的影响，但其学问的实践性赢得了大批门生，门生数量高达五百五十三人。平田笃胤于一八四三年（天保十四年）逝世，却对幕末的尊王运动产生了巨大影响，他的思想也成了明治初期神祇官①的主流。他提倡死后安心的宗教色彩部分消失之后,以天皇为中心的国粹主义的侧面被明显地政治化,成为国家神道思想的支柱。

中央及地方的兰学者

德川吉宗很关注作为享保改革一环的殖产兴业,一七四〇年(元文五年),他命令青木昆阳、野吕元丈两人学习荷兰语。政治上的要求,再加上被民间社会强烈的好奇心及渴求亲身体验的期待所驱使,日本开始了真正的兰学研究。杉田玄白、前野良泽、中川淳庵、桂川甫周等人,于一七七一年(明和八年)起,着手翻译人体解剖书,《解体新书》(四卷)的出版便是其成果。

这项翻译事业大大刺激了医学和兰学研究的发展,宇田川玄随跟随杉田玄白、桂川甫周,大槻玄泽跟随前野良泽、杉田玄白学兰学,他们与杉田家、桂川家一道被称为"江户兰学研究四大家"。宇田川玄随早年译述了西洋内科学的书籍《西说内科撰要》,大槻玄泽著有《兰学阶梯》,巩固了他们作

---

①神祇官,明治元年(1868年)设置的官厅,总管神祇、祭祀、祝部(位于大神社神官之下的神职)、神户(属于神社管辖的居民,服从神社征调,负责修缮神社、参加祭祀等工作)。次年被撤销。

为兰学家的地位。在同一时期内，数名长崎的译员正式开始了对荷兰语的研究，此领域也人才辈出，如志筑忠雄等。

兰学研究的主流发源于江户，宇田川、大槻等人的门生又在京都、大坂等地发扬光大。各地城乡更是出现了隶属兰学体系的医疗工作者。研究兰学的除了桂川甫周等人外，大多是地方的藩医或民间学者。

幕府也改变了对兰学的认识。一八一一年（文化八年），在历来掌管天文历法的"天文方"设置将西洋书籍译成日文的部门，任命马场佐十郎、大槻玄泽担任译员，翻译荷兰书籍。两人着手重译肖梅尔的荷兰文译本百科全书（《厚生新篇》）。此外，当时的荷兰商馆馆长哈尔马·道富（Hendrik Doeff），与数名长崎的荷兰语译员共同尝试将《兰法对译辞典》译成日文，完成的第一稿就是兰日辞书《长崎哈尔马》。

这期间，兰学方面的成果除了医学书之外，还出现了志筑忠雄的《历象新书》、帆足万里的《穷理通》、青地林宗的《气海观澜》、川本幸民的《气海观澜广义》、宇由川榕庵的《舍密开宗》《植学启原》等著作，将天文学、地理学、物理学、化学、植物学等西洋学术的新知识引进日本。

儒学与儒教

江户时代，儒学为全国统治者提供了统治技术的理念及用语，支撑着包括农工商民众的劳动伦理，以及日常的人际关系。然而直至十八世纪前半期，拥有独立的理论框架，强烈的自我主张的朱子学（贝原益轩、室鸠巢、新井白石等）、古义学（伊藤仁斋、伊藤东涯等）、古文辞学（荻生徂徕、服部南郭、太宰春台等）发展迅速，一时间人才济济。与此不同的是，后来的折衷学派、考证学派兴盛起来，他们排除了主题先行的先入为主性质的解释，以追求灵活而又准确的经书解释为目标。在亲身实验的时代风潮中，以及中国儒学的实证倾向研究的背景下，承受社会矛盾及其改革课题的经世论性质的姿态不断强化，越来越多的学者都是民间在野的身份。

松崎慊堂出生于肥后国（今熊本县）农家，当过小和尚，后来奔赴江户，在昌平簧学习，后来担任挂川藩（位于今静冈县西部）藩校的教授，隐居于江户目黑羽泽村的山房。在"蛮社之狱"事件中，他为拯救门人渡边华山而四处奔走。龟田鹏斋出身江户神田的商人家庭，博学多识，以自由的折衷学派而闻名。在"宽政异学之禁"[①]中，他被列入江户"异

---

①宽正异学之禁，1790年，幕府推行宽政改革，幕府将朱子学说以外的学问称为"异学"，禁止讲授传播。

学五鬼"之一。由于他抵抗政府的禁压,门生受到压迫。太田锦城重视清朝的考据学,在加贺藩(今石川县南部)出仕,他一方面重视作为实学的儒学的实践性,同时也推进了作为学问的考证学。

细井平洲是尾张国豪农之子,师从名古屋折衷学派的实学家中西淡渊,后到长崎游学,向中国人求学。一七五九年(宝历九年),他在江户开设私塾嘤鸣馆。细井平洲的街头讲道,感动了米泽藩武士藁科松柏。以此为机缘,他被米泽藩主上杉鹰山聘为"宾师"即客座教授,执掌藩政的文教工作。细井平洲具有极富魅力的教育感化力,有以实践为基础写出来的教育论著作。晚年,他被尾张德川家族聘为侍讲,成为藩校明伦堂的总裁,参与策划藩的行政与教育。细井平洲热心于平民教育,他在城乡各地的巡回讲座每次台下都座无虚席。

物产学

殖产专卖政策在豪农与富商的共同协助下推行,生产者对提高商品作物产量的热情高涨,由于医疗和爱好,人们对物产也越来越关注,物产学得以发展。物产学从药物研究的观点出发,对动物矿物植物的形态、产地和功效进行调查,起源于中国传入的本草学，在追求新的经济增长的渴望下蓬勃开展。同时，也引进了欧洲的动植物分类学的博物学。

社会上出现了物产学家，他们并不拘泥于药用植物，也关注天然物产，根据调查研究在各地绘制物产表及画册。物产学家还展开共同研究，在各地举行天然物产展。

平贺源内是物产学家的代表。他是高松藩是轻的儿子，后来被提升为药园负责人，到长崎留学。一七五六年（宝历六年），前往江户跟田村蓝水学习本草学，二人共同举办了五次物产展览会。第一次的展品约一百八十种，第二、第三次都有二百种以上，第四、第五次更是集中了来自全国的一千三百余种物产。平贺源内以此为基础，写成了《物类品骘》。除了调查外，他也尝试用绵羊毛制作毛织品，开采矿山，但全都以失败而告终。

新的农学

大藏永常是以技术扬名的农学家的代表。领主和生产者都对改善农业生产技术抱有强烈的愿望，为推动农学家指导生产创造了条件。社会对农业技术的需求，大大倾向于关系到经济收入的商品化农作物的施肥与栽培方面，社会渐渐进入通过阅读印刷成书的农学著作来学习技术的时代。

大藏永常生于丰后国（今大分县）日田城的商人家庭，他遍游各地，并把旅途的观察和见闻作为写作素材，从出版中取得收入。他曾在田原藩（位于今爱知县东部）、滨松藩（今静冈县滨松市）任职，但时间都不长，自由著述是他的主业。大藏永常热心提倡栽种比缴纳的年贡稻米收入更高的农作物，由家庭进行加工，以提高农作物的附加值为赚钱的农家营生。他相继写成了包括《农家益》（一八〇二年）在内，还有《除蝗录》《农具便利论》《广益国产考》等著述，出版书籍达到二十七部，共六十九册。

外国人的日本研究 志筑忠雄于一八〇一年（享和元年）翻译了上下两卷的《锁国论》。十七世纪末荷兰商馆的德国籍医生肯贝鲁（Kampfer Engelbert），跟随商馆馆长两度赴江户幕府值勤，其间，他将日本的历史、社会、政治、宗教、动植物进行全面记录，并附有插图，回国后，编写成《日本志》。志筑忠雄翻译的《锁国论》则是其中一部分。欧洲学术界对东洋有着强烈好奇心，西方的日本研究以在荷兰商馆工作的形式开始了。

岑贝尔格（Carl Peter Thunberg）不是荷兰人，而是瑞典的博物学家。作为荷兰东印度公司的外科医生，他抓住了绕过好望角前往日本的机会，途经南非首都开普敦、印尼首都巴达维亚（现在的雅加达），终于在日本长崎出岛[①]住了下来。在这期间，他积极采集植物标本。一七七六年（安永五年），他跟随商馆馆长到江户工作，沿途也孜孜不倦地进行采集工作。在江户岑贝尔格与桂川甫周等进行了医学及博物学知识方面的交流，回国后写出了《日本植物志》《日本动物志》。

西柏尔德(Karl Theodor Ernest von Siebold)是德国人。一八二三年（文政六年），他以荷兰商馆随行医官的身份到日本。由于得到了特别准许，西柏尔德可以对日本人进行治疗和教授医学。他离开出岛后，在长崎郊外建立鸣泷塾，汇聚起多名弟子，其中有高野长英等。西柏尔德致力于调查及研究日本的自然及民俗。在前往江户幕府值勤的途中，也不忘采集动植物标本进行测量，沿途和在江户逗留期间，也与日本学者进行了交流。

一八二八年（文政十一年），西柏尔德回国之际，在西柏尔德的行李中发现了禁止出口国外的物品（如地图、衣物），

---

①长崎出岛，位于长崎市南部。1634年，为安置葡萄牙商人填海造地建成的人工岛，面积约为1.5公顷。1641年，平户的荷兰人全部迁到岛上，这里成为锁国时代日本官办的唯一外贸窗口。

引发了"西柏尔德事件"。他的朋友、弟子及翻译人员都受到处罚,西柏尔德被判驱逐出境。翌年,他离开日本,留下了日本妻子楠本泷及女儿。他的女儿后来成为日本第一位西医产科女医生楠本稻。西柏尔德回到德国后,著有《日本》《日本植物志》《日本动物志》等书,其内容广泛涉及日本的自然、地理、历史以及日本周边各地区,成为此后欧洲人对日本研究的基础。

5. 批评现状的学问及言论

大坂商人学者富永仲基与山片蟠桃

学者对政治改革提出谏言，跻身政界成为政治家，回应将军、大名的咨询，其中不乏他们立足于激烈的批判意识之上的批评现实的谏言。荻生徂徕、本居宣长等人就是这样的人。然而事实上还有不少脱离现实政治框架的意见，这些则决不会被当局采纳，而是被视为异端。这就是学者几经苦心推敲出来的批判性思想与言论。近世后半期的平民社会中，的确存在着很多这类学者和活动家。

怀德堂与含翠堂一样，都是大坂商人（三星屋武右卫门、道明寺屋吉左卫门、舟桥屋四郎右卫门、备前屋吉兵卫、鸿池屋又四郎）出资兴办的学校，这里培养了人们对佛教的批判能力。道明寺屋吉左卫门的儿子富永仲基，写成了《出定后语》，提倡从历史的角度去批评佛教思想的"加上说"①。他更用浅易的和文写成了《翁之文》，提倡废除神、儒、佛三教，以"诚之道"取而代之。此外，他还考察民族的文化类型，考察比较了印度人的神秘型性格、中国人的工作型性格、日本人的闭锁型性格。

山片蟠桃生于播磨国（今兵库县西南部）农村，是大坂米商，兼在向大名提供贷款的升屋片山一族的分店当掌柜，同时也是一位商人学者，工作之余到怀德堂学习儒学，认为有疑问就必须展开讨论，进行比较研究，然后再做出判断。此外，他还跟重视实证精神的麻田刚立学习天文历法。他晚年不幸双目失明，于一八二一年（文政四年），也是他临终之年，完成了主要著作《梦之代》全十二卷。山片蟠桃是一个深入生活、脚踏实地的人，他坚信遭到幕府禁止的"地动说"，主张除了以太阳为中心的宇宙体系之外，还存在着数个类似的体系。他还否定《日本书纪》中记载的应神天皇纪之前（五世纪前半期以前）的历史，不承认灵魂不灭论，否认鬼的存在。

---

①加上说，解释古代神话与宗教的假说之一种。日本的富永仲基与中国的疑古派学者顾颉刚都提倡这种学说。他们认为，古代众神系谱都是层层累加编造出来的。

在地方思考探索的安藤昌益与三浦梅园

在地方上也出现了不屈不挠，勤于思考探索学问之人。安藤昌益的经历中尚有不明之处，他出生于出羽国（今山形县与秋田县的大部分地区）秋田藩领的二井田村，据说其先祖担任了村长职务。到了十八世纪后半叶，安藤昌益在陆奥八户町当城镇医师，是位享有盛名的医生兼学者，并负责为八户藩的宾客治病。据说他的门生之中有地方官、藩主专属医师、文书、神官总管、御用商人等地方的有文化的人，江户及京都、大坂也有他的门生。为继承家业，安藤昌益晚年返回了二井田村。他将有势力的地主与村官都收为门人，停止了花费大量酒食费用的祭祀，提出并实施了村庄救济方案。

安藤昌益将所学的儒家学问、医学作为基础，建构出独特的自然、历史哲学，怀有对现状的强烈批判和对理想社会的期望。他立足于"一君万民"的平等论的立场，批判"不耕贪食者"剥削"直耕"[①]的农民百姓，批判这种统治为"法世"[②]，而认为万人的"直耕"才是理想的"自然世"。

---

①直耕，直接从事耕作。
②法世，充满歧视与压榨的世界，是由不合理的法律造成的不平等的身份差别社会。

这些见解在他的《自然真营道》以及《统道真传》等著作中皆有阐释。安藤昌益于一七六二年逝世，信徒们将他供奉为"守农大神"。

三浦梅园出生于丰后国（今大分县）的国东半岛山中，一直在当地过着学者生活。他年轻时曾到长崎游学，提倡一种独特的"条理学"，即将儒家及西洋学问调和起来，用以阐释宇宙的结构。三浦梅园在其第一部主要著作《玄语》中，以"反观合一"的认识论及"条理"为名的存在论[①]，来重新构筑宇宙、自然、人类以及三者之间派生出来的一切现象。第二部主要著作《赘语》，尝试着去重新建构宇宙论、天文学、医学、地理学、生物学、矿物学、经济学、伦理学、政治学等学问。第三部主要著作《敢语》则是对伦理学的思考。梅园把这三部著作命名为"梅园三语"。他还进行天体观测，对人体构造也很感兴趣。而他对于其他不能理解的事物，则咏出了如下诗句来表明心志：

人生莫恨人无识，幽谷深山花自红。

---

① "条理"是三浦总结出来的一个"先验原理"，而"反观合一"则是他的"认识论"，用"反观"与"合一"这两个认识方法来观察事物，主张事物中存在着对立的两方面，相辅相成，又会统一在一起。

《世事见闻录》的批判言论与《藤冈屋日记》的观察眼光

在市井中出现的书籍和记录当中,有些不具有向当权者进谏的意图,而只是毫不容情的人世现象论,对人世的事态进行描写。这些作品属于抨击现状的尖锐言论。

《世事见闻录》的作者是"武阳某隐士",他可能是一位隐居武州南部的"旗本",或在吉原附近的"诉讼师"。江户时代,常会看到作者隐藏自己的真实姓名,或将思想假托到梦幻故事之中的现象。

这部见闻录的序是一八一六年(文化十三年)写下的,是作者十八世纪到十九世纪间对社会的实际体验。作者一方面认同当时是一个"静谧之朝代",同时也指出,二百多年来的和平使得"世世代代人心怠慢,精神衰退,信义淡薄,完全堕入了骄奢淫靡之中"。作者宣称"只记录坏事",分别对武士、平民、僧侣神官、医师、阴阳师、盲人、诉讼师、町人、青楼妓女、戏剧演员、贱民、米谷杂谷诸类产品、山林、国家、罪人、游民进行了猛烈抨击。

藤冈屋由藏咏出一句川柳讽刺说:

本意是,靠流言蜚语,混碗饭吃。

藤冈屋由藏把社会上发生的大小事情都记录在册，因而有"专靠笔录写书的先生"之称。此外，由于他的书店位于外神田御成道，他又被称为"御成道上的旧书屋（达磨）"。他的记录始自一八〇四年（文化元年），一直持续了六十五年，后世将他的作品称为《藤冈屋日记》。

从上州藤冈来到江户的由藏，当了脚夫，后来在御成道的日式短布袜店前铺了一张草席，开始边卖旧书，边写笔记，后来有了店铺，仍然整日孜孜不倦。他记录政府的政策与人事、"落首"① 牌上的讽刺诗、涂鸦之作、市井事件、物价等，也有描写农民到大名的府第门前告状时，前来看热闹的市民在街道上拥挤混杂的情景。

他记录下来的资料，也有藩驻守江户的官员前来购书的情形。由藏作为江户的一介市井中人，长年坚持记录，直到八十岁之前返回上州后逝世。他留下的记录数量庞大，是一部不为江户的繁华世界所接受的异乡人的控诉状。

---

①落首，在河滩、十字路口竖起木牌，上面写上讽刺世态的狂歌。

第五章　内忧外患的时代与复兴志向

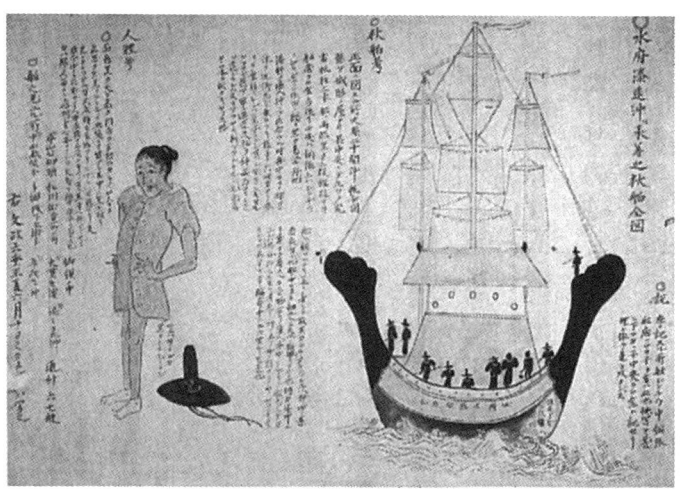

文政六年（1823年）出现在水户北面大津滨（现茨城县北茨城市）海面的外国船与外国人（茨城县立历史馆藏）

1. 世界的变化与海防

戈洛夫宁与高田屋嘉兵卫

俄罗斯南下的趋势越来越明显，列扎诺夫为了开发俄罗斯占有的美洲土地，向亚历山大一世进言，指出有必要与日本通商，开日俄直通航路。他带着仙台的漂流民津太夫，搭乘克鲁森施特恩指挥的环球航行船，于一八〇四年（文化元年）抵达长崎。列扎诺夫利用拉库斯曼入港长崎的特许状，在此停留了大约半年，他提出与日本通商，却遭到拒绝。

一八〇七年，戈洛夫宁以狄安娜号舰长的身份向远东进发，在国后岛测量南千岛海域时，连同部下一起被日本逮捕。这时，还发生了俄罗斯军人在库页岛、择捉岛等地袭击日本哨所的事件。幕府为了加强虾夷地的防卫，破天荒地向朝廷报告了这次事件。戈洛夫宁等人在狄安娜号副舰长里科尔德和商人高田屋嘉兵卫的努力周旋下被释放。被幽禁期间，戈洛夫宁给间宫林藏等人教授俄语,介绍俄国的国情。回俄国后,他将在日本被拘留的生活细节写成《日本幽囚记》。不久该书被翻译成多国语言,加深了欧洲对日本的认识。

为释放戈洛夫宁而奔走的高田屋嘉兵卫,以兵库为据点,经营着松前方向的沿海货运业,在箱馆也设有分店。他响应幕府的北方政策,开发择捉岛的航路及渔场,在虾夷地东部也承包了场地经营渔场,终于成了一位掌控着数十艘船只的有势力的商人。作为戈洛夫宁被捕的报复,嘉兵卫也被狄安娜号逮捕。经由嘉兵卫从中

文化元年(1804年),瓦版上刻画的俄罗斯人列扎诺夫的画像(早稻田大学演剧博物馆藏)

斡旋，戈洛夫宁被解救，他也终于得以回国。

囚禁中的戈洛夫宁会见了农户出身的间宫林藏，后者因数学方面的才华而得到幕府的任用；一八〇〇年（宽政十二年），他远赴虾夷地，跟正在进行考察工作的伊能忠敬学习测量技术。一八〇八年（文化五年），间宫林藏首次到库页岛探险，翌年再赴库页岛，与从事贸易的吉尔雅克人一同前往阿穆尔河下游进行考察。这次探险确认了库页是一座岛屿，西柏尔德将其作为间宫海峡进行了介绍。幕府已从一七九九年（宽政十一年）起，对太平洋沿岸的东虾夷地进行直接管理，一八〇七年（文化四年），又把日本海沿岸的西虾夷地纳入内地管理范围，库页岛则被视为北虾夷地。

英国军舰费顿号与一律开炮驱逐令

世界各国的势力消长开始冲击日本海岸，针对长期安定的海禁环境开始松动的迹象，幕府反而加强了闭关锁国的力度。

一八〇八年（文化五年）八月，英国军舰费顿号为了扣押荷兰船而入侵长崎港。由于英国军舰挂的是荷兰国旗，荷兰的商馆人员、长崎奉行所的官员和译员都误认为是本国船而纷纷前去迎接，最终两名荷兰商馆人员被英国海军抓捕。

自一八〇〇至一八一四年间，拿破仑带领法国与欧洲各国交战，其中与发达国家英国的争斗尤其具有重要意义。这也是英法第二次百年战争的决战。荷兰曾经与西班牙交战而获得独立，建立了尼德兰联邦共和国，开创了国内外经济、文化的黄金时代，首都阿姆斯特丹成为世界金融贸易的中心，然而与英国的交战中，荷兰败北，再加上法国军队的入侵，共和国进一步遭削弱。接着，荷兰在拿破仑时代又被法国占领，与英国变成了交战国关系。

当时的长崎只有区区不过百余名的佐贺藩士兵负责海岸警卫，英国军舰到长崎湾内探路，日方也无法出手干涉，只好向他们提供燃料、饮用水及粮食，直到目送他们离开。因对外应对不力，那天夜里，长崎奉行松平康英剖腹自尽，负责警卫的肥前藩主也遭软禁。这次事件对于幕府的当权者是个严重的打击。

"费顿号事件"后，英美两国的捕鲸船在近海出没，发生了遇难船员漂流到海岸、登陆等事件。一八二〇年前后是捕鲸业的全盛时期，在外洋的捕鲸船散布于世界各处。由于欧洲机械化的推进，对作为灯油及机械油的鲸鱼油需求极大。幕府于一八二五年（文政八年）发出对外国船可以不问情由开炮驱逐的命令，命令大名击退除清国和荷兰以外的外国船只。也有人抱着乐观的看法，认为民间的捕鲸船应该不会引发战争。此前，对漂流而至的外国船只的方针是供给燃料和饮用水，然后命其离开，这是以锁国政策来应对出现的新情况。

宝顺丸遇险与击退莫里逊号

"和船"（日本式木船）使用一根高帆柱，悬挂一块大帆布，便于操纵，以增加受风的效率，不铺设甲板，方便堆放货物及省人力，顺风时能够沿岸扬帆高速前进。但是一旦在远州滩（位于静冈县西部）、鹿岛滩（位于茨城县东西）等地遇上暴风，就会被冲向外海，帆柱被折断，增加了成为漂流船的危险性。

利用这些日本漂流民的外国势力在不断增加，尾张国（今爱知县西部）知多郡小野浦村的少年船员音吉，于一八三二年（天保三年）搭乘同村重右卫门的船只宝顺丸号向江户进发，中途遇险。三名生存者漂流到美国的太平洋海岸，在英国哈得逊公司职员的救助下，被送往中国澳门。当时，澳门是葡萄牙的贸易基地，对欧洲各国的船只开放。那时，以中国广东为据点的美国奥利芬特商会借着送还海上遇险的日本船员的机会，计划将此作为展开贸易与传教的开始。

他们让音吉等七名漂流民乘坐公司的船只莫里逊号，从澳门出发抵达浦贺湾①外。然而，莫里逊号由于遭到炮击改变航向，只好停泊在鹿儿岛湾附近。接着他们再次遭到炮击，未抵达目的地便折返澳门。音吉不久成为英国公民，改名奥图信（Ottoson）。他在上海商社工作一段时间后，开始独立经商，最后死于新加坡。生前，他曾协助《圣经》的日文版翻译及日本漂流民的遣返工作，也曾作为英国海军的译员回过日本。

幕府通过荷兰商馆馆长的风说书得知了莫里逊号的事情，开始讨论面对这类情况时的应对方法。由于消息外泄，三河国（即爱知县东部）田原藩的渡边华山写出了《慎机论》一书，提醒当局应警惕泄露机密而引发的危机。兰学家高野长英著有《戊戌梦物语》一书，批评幕府的对外政策。政府内部的保守派以此为契机，逮捕兰学家，酿成"蛮社之狱"，渡边华山、高野长英自尽身亡。

---

①浦贺湾，位于神奈川县横须贺市。后来到了1853年，美国海军提督佩里率领舰队前来，终于打开了日本锁国的大门。

第五章　内忧外患的时代与复兴志向

江户湾的防守与《上知令》

如果说十七世纪的幕府提倡开垦，十八世纪的幕府提倡改革，十九世纪的幕府则提倡海防，而且这种声浪日益高涨。一开始幕府实行阻碍交流的海禁政策，后来又逐渐转变为排除与击退外来力量的锁国政策。始于十八世纪后半叶的海防议论也变得日益尖锐，影响着十九世纪的舆论及政治动向。

工藤平助在《赤虾夷风说考》一书中提出以贸易应对时局的论点，驱动了田沼的政治改革。本多利明的《经世秘策》、佐藤信渊的《混同秘策》等著作继承了工藤平助的观点，主张积极推进贸易及经营海外殖民地。林子平在《海国兵谈》一书中指出，"从江户的日本桥到中国、荷兰的水路是没有国境线的"，论述说为了海战必须装备大船、大炮。林子平因此遭政府的软禁，印书的雕版也被没收，然而《海国兵谈》一书被人广为传抄，刺激出一批尊王攘夷的志士。林子平的《三国通览图说》在日本已绝版，但在巴黎被翻译出版，后来成为与美国争论小笠原群岛主权归属问题的重要史料。

海防论与强化幕府政权的中心都市江户的防守论相关联，在江户湾的防守上，伊豆备受瞩目。松平定信巡视伊豆东海岸之后，于一八〇八年（文化五年）试射了负责铁炮制造的井上左太夫家生产的大炮，一八三九年（天保十年），实施了鸟居耀藏、江川英龙的海防分阶段计划，一八四二年又设置了下田港奉行。江川英龙后来向政府献策建筑炮台，决定在品川海面建设五座炮台，川越、会津两藩的士兵负责驻守。

清朝与英国的关系越来越紧张，一八四三年（天保十四年），幕府命令江户、大坂附近的大名、旗本上缴封地。这些封地的分布错综复杂，大小不一，还有分散在远处的"飞地"。幕府把这些遍布各处的领地收归为直辖土地，加强管控。同时，由于这些土地是缴纳大额年贡的地区，收回这些土地也有助于政府改善财政。然而，由于遭到大名、旗本、农户、商人以及幕府至亲的"御三家""大奥""老中"的抵抗，幕府最终撤回了这道政令。

鸦片战争与中国、日本

鸦片战争于一八四〇年（天保十一年）七月爆发，英国封锁了中国各地的港口，占领镇江并直逼南京，清政府投降。一八四二年，中英缔结了《南京条约》，清政府割让香港，并开放数处港口，允许领事进驻，并支付赔款。翌年，还承认了英国在华享有治外法权与最惠国待遇，中国开始沦为半殖民地。

英国增加了对华贸易的商埠数量，意欲打破北部清朝商人的贸易垄断。在英国，随着红茶的需求增加，从中国进口的红茶激增，加上生丝、瓷器，大量的白银从英国源源不断地流入中国。英国东印度公司对印度的鸦片实行专卖制，还让民间的英国商人向中国走私鸦片。英国商人用从鸦片贸易中获得的资金来购买茶叶，为英国政府带来庞大的茶税收入。不久，清朝由于支付赔款及战争费用而征收重税，国家的威信一落千丈，最后引发了太平天国的大动乱。

日本贤达之士预料到英国和俄罗斯会先控制日本，然后以此为据点进攻清朝，因此清政府的惨败在日本国内引起了巨大的反响。进入长崎港的荷兰船带来了关于英国的消息，清朝船带来中国的见闻。为海防殚精竭虑的幕府对此高度关注，积极搜集情报。一八四三年（天保十四年），他们以文书的形式向居住于长崎的荷兰人及中国人展开问卷调查，征求关于英国的军力、装备及战术方面的问题。

对外的危机感下，水野忠邦开始进行天保改革。一方面，幕府撤回不问情由便向外国船开炮驱逐的命令，允许向他们提供燃料、饮用水、食品，以避免纠纷。同时，采纳长崎"町年寄"高岛秋帆的提议，引进西洋炮术，命令大名从日本整体防御来强化军备。

鸦片战争也引起了有识之士的极大反应，包括斋藤竹堂的《鸦片始末》在内，很多讨论鸦片战争以及清政府失败原因的著作被广为传阅，影响了幕府末朝的思想家，就连农民也对鸦片战争表示关注——一八四七年（弘化四年），盛冈藩领的百姓一揆领袖安家村俊作手抄对马藩通过朝鲜获得的太平天国报告书，呈交幕府当局。

2. 城镇与农村

豪农地位的上升　利用现有的幕藩体制框架已经无法对民间社会进行彻底控制，于是便诞生出了新的要素，民间社会中的身份和阶级的力量的强弱都在发生变化。

豪农是从江户后半期开始浮出水面的上层农户，因地区不同，他们的经营基础也各不相同。但他们之间也有相似之处，即全都离不开农业、农产品加工业的经营，还有金融业、酿酒业，与遥远地区进行买卖等多元化的经营方式。豪农拥有大量水田、旱地，他们还是利用金融活动，从周边农民进行土地抵押的过程中获得大量土地的地主。另外，他们之中也有人亲自克勤克俭地去经营手工艺制作、农村的加工业，也有人担任乡村官员，他们一直关注着地域社会的盛衰。

豪农积聚土地的方式多种多样，大体上说他们都是由于商品货币经济的渗透，在农村社会日益加深的阶级分化之中涌现出来的，最后成了经营五至十町步规模土地的豪农。虽然也有一些农村没有出现豪农，但在那些地方也有不少亲自耕作土地的上层农户，他们被称为"村方地主"。豪农周围存在着许多中下层农户，他们依靠豪农对劳力的雇用和提供的贷款，才能离开农村，进城务工。这些中下层农户只要物价和谷物供应稍稍出现变动，就会立即变成穷人。

武藏国多摩郡中藤村位于旱地耕作地带，村民要靠参与商品生产来打理自己的生活，从事条纹棉布和生丝生产的人群在不断扩大，由于无法应对购买肥料的经费短缺等困难，许多中层农民没落为年收获不足一石粮食，半饥半饱的贫农。

其中，村长渡边一家，从十八世纪后半叶开始兼营小规模当铺，渐渐增加放款额度。后来，到了一八四〇年（天保十一年），又开始酿酒，也购买其他乡村的酿酒股权，晋升为村中的"富翁"。他还经营着条纹棉布及生丝生意，从村庄内外买入待加工的半成品。不久，开港通商后，渡边把商品卖往横滨供外贸出口，还兼任蚕丝买卖的中间商，到了明治时代，他已经成了不再进行手工织布的地主经营者了。

第五章　内忧外患的时代与复兴志向

畿内与关东

进入近世以来，地区差异开始出现，到了幕府末期，差异变得十分明显。由于流通规模与市场的扩大，在加速全国一体化的同时，地区社会也形成了各自的独特性。不同地区的民众对外界的应对能力也各不相同。

畿内由于没有大型的大名领国，自古以来许多事务都由京都、大坂的代官及奉行所等国家组织来实行大范围的统治。这些行政事务偶尔也会以民间代理的形式来进行。

畿内民众的政治意愿，表现在农民、商人与特权阶级的斗争之中。他们发起要求重审的"诉愿运动"①。而运动一旦扩大成"国诉"②，规模就会大许多。为了打破大坂特权商人对油菜籽、油类、棉布棉纱的垄断，实行自由交易，平价购买"金肥"③。来自不同区域的参加者，将广大农村团结起来，反复地展开申诉运动，进行大规模的强行请愿。一八二三年（文政六年），摄津、河内、和泉三个藩（均在今天大坂府一带）的上千个村庄爆发了大规模请愿活动，后来

---
①诉愿运动，日本法律用语，对判决不服者，可以向上级行政机关提起，要求取消或者变更判决。这是日本旧诉讼法中的规定，已经于1962年被废除。
②国诉，一郡或一国的全体农民强行请愿。
③金肥，鱼肥、油渣等肥料。

又演变成千余农村进行的"诉愿运动"。在一郡或一国规模的农民强行请愿中，成立了覆盖广泛的协议组织"郡中协议"。在选举村长时，加上了充当证明的誓约书，这使团结一致变得更加可靠。

宽政年间，关东江户周边的一千余个村庄发起了大范围的请愿运动，天保年间参加的也约有三百个农村，他们要求降低粪肥价格，粪肥批发商和专业清理粪肥工人的增加，迫使流通结构发生改变。此外，村官的投票选举也渐渐成为惯例。今天，有的农村还保存着女性专用的选票及有关村长、组长等各个职位所获得的票数记录。

但是在关东，对村町社会现象的归纳性认识，不能仅仅用"城乡小规模经营的增长"来一言以蔽之。无家可归者的人数在不断增加，赌徒、无赖如雨后春笋般涌现，他们形成了头领与手下、兄弟关系的网络，"浪人"为了勒索保护金而在各个村落逡巡，大家只得事前准备金钱或聘请别的浪人来驱逐他们。相比于畿内而言，关东社会的自我崩塌程度更为严重。

盗贼与赌徒　　近世的日本并没有诞生在山野建立武装据点、劫富济贫的侠盗集团。但随着以农民自立自足为目标的幕府日益衰弱,"村请""町请"事务中对揭发可疑分子的机能减弱了,漫长的官道与大都市内,都成了盗贼黑夜跳梁跋扈的世界。

尾张藩武士之子滨岛庄兵卫,在从江户到京都的东海道上,以入室抢劫为生。手下的强盗多达二百名,他还有一个别名叫日本左卫门。通缉他的告示上写着:"该犯二十九岁,身高约五尺八寸,肤色白皙,直鼻长脸。"一七四七年(延享四年),他被捕,在江户游街示众后枭首。在十九世纪的江户流行着有关盗贼的平话、狂言,记述低层社会的故事。"日本左卫门"成为歌舞伎《青砥稿花红彩画》(又名《白浪五人男》)中"日本驮右卫门"的人物原型。

云雾仁左卫门也是一名盗贼头目,以他于公元一七七八年(安永七年)在甲斐国(今山梨县)北巨摩郡荆泽村假冒官员事件为素材,加上若干演绎,就成了《大冈政谈》[①]的故事,这些情节还被改编成了歌舞伎剧目《龙三升高根云雾》。云雾仁左卫门手下有几个小头目,据说他们是木鼠吉五

[①]《大冈政谈》,描写江户奉行、著名法官大冈忠相断案的一系列平话故事。共收入十六个故事,模仿中国宋代的法医断案故事的《棠阴比事》创作。展现发生在市井庶民之中的侦探案,具有推理小说的风格,大受民众欢迎,成为舞台剧与平话的素材。

郎、山猫三次、因果小僧六之助等。他们从甲斐国大地主文藏夫妇处盗得白银一万二千两后，准备分掉这笔巨款便金盆洗手，各自做正当经营买卖。但云雾仁左卫门改名为桔梗屋五郎右卫门后，仍然去经营妓院，后因杀死手下而被捕。

正当民间社会尽情欣赏讴歌强盗改邪归正的狂言、戏曲时，幕府开始出手反击，用武力来镇压盗贼。除了常规的警察机构外，又设置了防火防盗调查官署，任命前锋弓箭手"旗本"长谷川平藏兼任该官署的长官。平藏年轻时放荡不羁，被称为"本所之銕"[1]。平藏建议成立"人足寄场"[2]。由于赏罚分明，长谷川平藏被誉为"今大冈忠相"。

怪盗鼠小僧次郎吉是江户歌舞伎戏班中村座剧场的看门人之子，他打过工，当过消防队手下，由于嗜好赌博一贫如洗，而当上了夜盗。十年间他盗窃百余次，甚至从大名宅邸警戒松懈的后院盗得白银一万二千两；一八三二年（天保三年）在偷窃时被捕，被判斩首。狂言剧《鼠小纹东君新形》的主人公"义盗鼠小僧"就是以他为原型，连演百日不绝。

由于关东的赌徒常常腰佩长刀，长刀也就成了赌徒的标志。国定忠治是上州（今群马县）国定村世家的长子，他沉

---

[1] 本所，地名，今东京墨田区的南半部分；"銕"同"铁"。
[2] 人足寄场，收容无家可归之人，为他们介绍体力劳动的就业机会的机构。

溺于赌博,是赌博界的"江湖头领",从他势力范围内的赌馆抽头。在田部井村贮水池疏浚工程的工地上,他与村长合谋,让聚集到此的劳工们到简陋的赌场进行赌博,并抽头,收取手续钱等。由于受到关东巡查官员的追查,国定忠治多次逃匿赤城山里,冲破大户关所①,逃到信州(今长野县)。最后,他病倒在自己的小妾家中,被人告发而遭磔刑。

文政改革　　把国定忠治逼入绝境的关东巡查(八州巡查)成立于一八〇五年(文化二年),直属于"勘定奉行"官署,除水户藩领地外,所有领地都设有两人一组的农村巡察员,行使警察权。幕府想取缔赌徒集团,但赌徒们并非单纯的异端团体,他们同时也是幕府的爪牙,与普通百姓的生计息息相关。可以说,他们是近代民间社会诞生的"鬼魅",很难将他们彻底除掉。

　　幕府在一八二七年(文政十年)开始推行文政改革,以强化对关东的旅店、农商混居的城镇与村庄的管控。改革的重点是要彻底执行"勘定奉行"下达的四十条规定,不论皇室所有的土地、私有领地还是寺院神社占有的领地,均以

---
①大户关所,位于群马县内的关隘。

四十至五十个村庄为单位，组成大小组合村（改革组合村）。

这四十条规定严厉打击居无定所者、恶棍，取缔赌博、风俗业（色情业）、冠婚葬祭、娱乐业等奢侈和铺张浪费的活动，禁止集体强行上诉、结成党徒，抑制农闲商人与工匠的增加。为了把关东的巡查工作与各村的管理结合起来，当局强调，凡是与这些规定有关的事项，都须"严密上禀"。其中第三十一条规定要求，告发在各农村中自称"诉讼师"的人，或以贷款人家仆的身份协助办理诉讼事宜的人，以及在村内滋事者。

"改革组合村"就是为了增强这些改革的实效而组成的。它们遍布关东一带，由邻近的三至五个村庄组成"小组合村"，再由大约十个"小组合村"联合成立"大组合村"，以其中产量最高、交通最方便的村庄为中心聚集场所。管理改革组合村的村官由互选的方式产生，定下大、小村的"惣代"，传达来自关东巡查的"回状"，维持日常治安，管理农闲生计及工匠挣得的工钱。

改革组合村的村长，也负责基层事务，他们代表组合村村民的利益与上级政府进行交涉，行使着从社会底层培育出来的公共职能。这段时期内，所有区域通过"惣代"进行的诉讼十分频繁，由此而言，改革组合村"惣代"的所作所为，

第五章　内忧外患的时代与复兴志向

体现了当时形势的需求。

颁发《庆安御触书》及农民迁入政策

一八三〇年（文政十三年）七月，美浓国（今歧部县）三万石的"谱代"小藩岩村藩出版了《庆安御触书》[1]并散发到领地内的城乡各地。十一月，又颁发了《六谕衍义》，翌年十一月颁发《农谕》。劝告预防饥荒的《农谕》，是野州黑羽藩"家老"铃木武助于一八〇五年（文化二年）所著，后来用木版印刷，在藩内外广为流传。

面对无法控制的农民暴动时，当局只会一味采取杀戮手段，同时以教谕政策加强幕府的威信。《庆安御触书》有三十二条教谕农民的规章，被视作德川家光晚年于一六四九年（庆安二年）向各诸侯国农村颁布的法令，收录于幕府正史《德川实纪》之中，关于颁布的确切年份仍存有疑问。但是，事实上十九世纪各藩都在自己的领地内印发了名为《庆安御触书》的书籍。岩村藩的木版印刷之后，还有幕府的信州、皇室领地的中之条代官所，越后国的椎谷藩，上州国的沼田藩，备中国的成羽知行所，出羽国的米泽藩，三河国

---

[1]《庆安御触书》，幕府、大名颁发的法令、规制。

的吉田藩、水户藩等发行的版本也广为人知。

正如《庆安御触书》里的教谕所言,"男(夫)以耕作为生计,女(妻)以纺织为生计,晚上也须劳作,夫妻应共同经营生计",强调小户人家应该全家总动员,勤奋营生,而雇用农业劳工的经营模式,无法得到稳定自立之力。

也有藩领主敢于直接经营农场。上州前桥藩(川越藩的分领)自一八一九年(文政二年)开始,为了重建荒废之农村,在各村雇用劳力,直接耕作被放弃的耕地。但实际运作时,粮食、种子、肥料、农具的费用超出了所得,出现了巨大赤字。于是,藩改变策略,将农民全家迁入领地内居住,并派遣村官到远方去寻找可以迁入自己领地的农户。

3. 天保改革

天保内忧

一八三〇年（天保元年），在死气沉沉之中，民众的不安情绪在大规模的伊势参拜中爆发出来。一八二二年，首先爆发了霍乱，然后天花、流行性感冒也开始肆虐。过去也曾发生过伊势神宫集体参拜的现象，但在一八三〇年，包括擅自离开自己岗位的农、工、商界的佣工，据说共有四百二十八万人为了参加"式年迁宫祭"①翌年的集体参拜，在宫川渡口过河，手持饭勺向参拜者布施者遍布大街小巷，有些地方还出现了参拜者狂舞的现象，他们用这种方式要求减免租税。

一八三三年（天保四年）春夏之交，东北、北关东地区

---

①伊势神宫每20年就会重建一次内宫（皇大神宫）、外宫（丰受大神宫）两座正宫的正殿和14座别宫的全部社殿，并举行迁祭，称为"式年迁宫祭"。式年迁宫始于持统天皇四年（690年）。——编者注

由于低温灾害农作物歉收，江户和各地的城下町都设置了救灾小屋极力救济，但饿殍与病人比比皆是。一八三四年、一八三五年虽然气候好转，但粮食产量仍未恢复，一八三六年（天保七年）再次出现低温，粮食严重歉收。由于都市的购买力减弱，农产品的产地因受米价高涨及收入减少的双重打击，暴乱频频发生，其中以甲州骚动和三河加茂一揆最惹人注目。

甲州的郡内地方多山，农户从批发商那里领来生丝与织机，在家庭内进行纺织，以赚取工钱，然后从甲府盆地的国中地区购买大米。然而由于饥荒，米价上涨，绢布价格下跌，生活困苦的民众大大增加。国中的米店利用幕府从藩向江户运送大米的命令，收购并囤积粮食，将大米积存在郡内。民众反复地交涉和请愿，都未奏效。他们开始策划"强借谷米"，选举了下和田村的武七、犬目宿的兵助等人担任首领。

暴动民众越过笹子山口进入国中地区，大批贫农、按天计酬的短工和无家可归者都加入了行动，他们破坏房屋、财物，郡内民众因对这些过火行为反感而中途退出暴动。国中地区的势力、甲府的代官所役人、幕府驻守的官方兵力与暴动民众交锋。他们继续破坏谷米商店、当铺、酒铺、布铺及豪农的住宅，国中各村开始将农民暴动的破坏行动看作偏离农民运动的"恶党"行为,不得不发起保卫农村的"自卫暴力"行动。这场数万人参加的破坏行动,还殃及了信州边界。甲斐国曾是幕府的领地,信州高岛、高远藩、骏州沼津藩等都出兵镇压。这场骚乱被江户商人以瓦版印刷品的方式进行"读卖"①而传遍各地。

大盐平八郎画像(大阪城天守阁藏)

大坂的米价高涨,不断有人饿死,原是大坂"町奉行"手下的"与力"②,也是阳明学者的大盐平八郎,向上级献上救济方案却遭到拒绝。幕府为了筹集新任将军"宣旨仪式"的费用,命大坂东町奉行迹部山城守将大米运给江户富商们,缺乏赈灾诚意。大盐平八郎为了把富人们隐藏起来的大米与金钱分给贫民,决定要诛伐富商。一八三七年二月,大盐平八郎发表批评幕府的檄文,高举"救民"的旗帜,在私塾"洗心洞"集合了二十余名弟子,放火烧毁自己的房子,蜂拥至

---

①读卖,沿街朗读叫卖。
②与力,指挥警员的下级警官。

富商豪宅鳞次栉比的船场，最后一共聚集了三百余人，他们与前来镇压的军队在市街内持续展开小规模战斗，然而当天就败下阵来，四散而逃。战斗引起的火灾延续至翌日晚上，大坂有五分之一的房屋被烧毁。接着又引发了"大坂残党"在越后国柏崎的"生田万之乱"、备后国的"三原一揆"、摄津国能势的"山田屋大助骚动"等连锁反应。

水户藩主德川齐昭警告说，仅"身份卑贱者"怨恨"天皇和贵族""不足为惧"，"参州（三河国，今爱知县东部）、甲州之百姓，集结暴动之徒党，大坂之奸贼"等构成的内忧，与以日本为猎物的"夷贼"的"外患"，这两者结合起来才构成了真正的恐惧。（《戊戌封事》）

水野忠邦号召流民重返故里

一八四一年（天保十二年），掌握实权的已退隐将军德川家齐逝世，第十二代将军德川家庆终于得以掌握政权，他于五月十五日发出仿效"享保、宽政之政事"的"天保改革"计划，命他最信赖的老中水野忠邦召集改革派推行改革。水野忠邦虽是精通书法、绘画、雅乐、和歌和古典文学的文人雅士，但他将儒家的禁欲主义贯彻到日常起居之中，从振兴武士风纪，直到町民的生活、风俗，都采取了高压性的强制政策。因此,水野忠邦被称为"古今第一恶人",就连他身边的人也对他不满。水野忠邦被罢免的当天,数千名市民向他的宅邸投掷石块,城乡之中人人怒气冲冲,同仇敌忾。

水野忠邦画像(东京都立大学附属图书馆藏)

水野忠邦以减少江户人口为目标,颁布了"居无定所之贱民返回故里令"。江户的"町奉行"通过贱民头领弹左卫门,令其手下严格执行清扫,驱逐横行于闹市,勒索、敲诈、抢劫的流浪汉、贱民、乞丐,然而很快,一切又恢复了原状。

当时,江户底层的漂浮不定的穷人究竟靠什么为生?他们作为流浪者、贱民、乞丐之外的边缘人,成为被清除的对象。这些人要想有营生手段活下去,就必须依靠某种职业的行帮,《守贞谩稿》[①]中有关于这些营生的详细介绍:

[①]《守贞谩稿》,描述日本江户时代末期的江户、京都、大坂三个城市风物的百科全书。作者喜田川守贞。

"威威天王"戴着猿田彦①的面具，腰挂双刀，口中念念有词，"威威天王喜闹事"，挨门逐户只乞求一文钱。"堕落和尚"身穿破衣，敲木鱼，摇竹枝，戏谑地唱道："就连释迦牟尼也迷恋在情路之上啊"，向人行乞。"节季候"②在人家门前高唱："节季候岁晚挨门乞讨。""扫除"则手执竹帚大声叫喊："庄介前来，洒扫庭除啊。""单人相扑"是由单人表演的双人相扑，手拿四五尺的粗竹筒收集观众投来的赏钱。"乞丐戏"则是数人或独自一人演戏讨钱。

在病态膨胀的民间社会中，富人、豪商都拼命往上挤，下层劳动者则越来越被压在社会底层，并且后者人数还在不断增加。

株仲间③解散令与近江延期丈量土地十万天

天保改革由于挑战了民间社会的活力而最终失败。改革之一便是一八四一年（天保十二年）的"株仲间解散令"。幕

---

①猿田彦，日本神话中的人物，身材伟岸，天孙降临之时负责为其带路，后来镇守伊势国五十铃川。
②节季候，岁末到新年期间，常有两三人一组，以赤绢遮面，装扮奇特，口唱"节季候来此也！"一面唱歌，一面舞蹈，说些新春祝福之言，向人乞讨米钱。
③江户时代，幕府和各藩批准的工商业者的行会。"仲间"意为"伙伴"，每一个参与商家称为"一株"。

府认为工商业行会是物价高涨的元凶——十九世纪前半期，菱垣运输海船行会六十五组，往来于江户与大坂之间，以每年缴纳一万二百两白银的营业税为条件得到当局公认，成立行会，股数限定为一千九百九十五股，不承认新加入的股东，不经过批发行会的买卖，将被视为走私而被举报。商品产地和货物集散地，也加强了交易规则。为了对抗这些规则，生产者、农村商人、江户的中小批发商、小买卖经营者提起的诉讼频频发生。

"株仲间解散令"禁止标榜、鼓吹行会及其"组合"，承认自由交易。幕府为了物流顺畅和降低物价，通过城镇的组织，命令批发商降低商品价格。然而江户的批发商阶层却出现了营业萎靡不振的现象。由于解散令在各地的执行不够彻底而出现混乱，遭到强烈批评，人们纷纷预料业者行会不久之后会卷土重来。

另一道命令"上缴领地令"，连江户、大坂附近都无法顺利贯彻，终于被取消。由此可见幕府的衰弱，这也是水野忠邦垮台的原因。在此之前，幕府还撤回了"转封令"。一八四〇年（天保十一年），幕府发出将武州川越藩转封至庄内、庄内藩转封到越后长冈、长冈藩转封到川越的"三方转封令"。这是先后曾进行过六次的"谱代藩"的转封方式。庄内藩的农户看清了伴随着转封而将产生的负担与掠夺,因而挺身而出,奋勇反抗,数千人多次集会,他们或在江户拦住将军的轿舆直接上诉,或向邻藩提起越级上诉。另外,转封政策还由于大名与幕府唱反调而受到挫折。

一八四二年(天保十三年),幕府将土地问题与军事防御联系起来考虑,开始在下总国印旛沼推进围湖造田工程。与此同时,幕府准备强制调查近江国琵琶湖东岸的甲贺、野洲、栗太郡的空地和新开垦的土地。然而,幕府方面受到了三百多个村落的村长率领民众强烈抵抗,丈量土地被迫停止(延期"十万天")。由于受到土地兼并势力的触动,或屡屡遭遇土地丧失,农户的土地产权意识、农村的水路与道路的社会资产意识在不断成熟。但要从外部来破坏这些惯有的资产拥有权并非易事。

按照身份进行统治的力度也在减弱,同样在一八四二年,冈山藩企图将主要从事皮革业的"皮多"[①]用服装明确区别开来,规定他们只能穿着无花纹柿漆染靛蓝衣物,但由于遭到强烈反抗而不得不放弃。十三年后这个企图又卷土重来,却仍未能实行。

---

① 皮多,贱民。

长州藩与水户藩的天保改革

此时，各藩正开展藩政改革，既有由大名主导的，也有由中下级武士主导的，但也有由于藩内的对立或缺乏活力而无法付诸行动的。这也预示着这些藩后来的政治姿态。长州、萨摩、土佐、肥前藩在天保改革中算是取得了成效，作为"西南雄藩"，它们对以后的中央政局发挥了影响力。

长州藩以改善藩财政为目标，奖励特产生产，提高纸、盐、蜡、棉布的生产能力，强化藩的专卖制度。然而，这些措施却招来了从事商品生产的农民的反对，进而引发了一八三一年（天保二年）的大规模百姓一揆。村田清风是郡代官的儿子，后晋升至藩主随从的"家老"。他以紧缩财务及开发盐田获得的收益，填补了藩超过八万贯[①]白银的债务。同时也放松了招致藩内反抗的文政改革以来的专卖制度，在农村商人的协助下推行增加生产的政策。为了在大坂销售产品，村田清风向在下关进港的沿海运输船货物提供担保资金与储存仓库，将经营方法改为"越荷方"[②]，藩政改革获得成功。

[①] 1贯=3.75公斤。
[②] 越荷方，当大坂的商品行情跌落时，便将货物存放于下关的仓库里，待到行情上涨时，再运往大坂销售。

在负债五百万两以上的萨摩藩，从负责藩主内廷茶道宗匠晋升为藩主的"侧用人"调所广乡，把江户、京都、大坂的负债，以近乎赖账的方式全部解决了，并在藩内强行全盘收购三岛产的砂糖，获取巨额利益。

在水户藩，第九代藩主德川齐昭任用藤田东湖、会泽正志斋等能臣，率先实行天保改革。齐昭以克服"内忧外患"为课题，排除门阀保守派，大胆起用人才，引进西式军备和军事学，以均田制为目标，重新丈量土地，以解决下层农民的穷困问题，企图重振藩财政。在取得以上成果的背景下，齐昭对中央政局施加影响力，呈上了对水野忠邦的天保改革的十多项意见。水户藩的藩政改革与水户学一道，对全国产生了极大影响，但由于藩内意见的分歧，德川齐昭以下的改革派都受到幕府的处罚。

佩里来航之前的阿部政权

幕府政局因备后国福山藩主阿部正弘与水野忠邦之间的暗斗而瞬息万变。不久，阿部政权终于建立。阿部正弘以政策开明将日本引向开国而广为人知，但到了燃眉之急的关头，他却显示出不开明的一面来。在法国、美国、英国的船只接二连三、令人眼花缭乱地逼近日本的形势下，对海外形势颇有见识的水野忠邦再度受命,成为"老中"。一八四四年(弘化元年),来自荷兰的军舰百连宾号带来了官方文书,劝告日本开国。水野忠邦主张接纳劝告,但他却被怀疑犯下受贿罪,被判处"隐居谨慎"[①],完全失势。

幕府任用阿部正弘为"首席老中",回复荷兰的国书中称,"通信只限于朝鲜、琉球,通商只限贵国(荷兰)与清朝",不会进行新的对外交流。同时,幕府也就恢复对入侵的外国船只开炮的驱逐令展开讨论。一八五一年(嘉永四年),幕府批准重设工商业者行会,展示出开放的姿态。这一政策除了促进物流和抑制物价外,也考虑到对禁止令的反抗,会加深国家处于外患之中的危机。

---

①隐居谨慎,江户时代对大名等高官的处罚方式之一,令其退位,辞去职务,将俸禄转给自己的继承人。

4. 新的社会领导者与复兴志向

历史的约束与新的社会领导者

幕府登台时，就承诺要让天下太平、百姓安居乐业，但两百多年过去了，实际情况又是怎样的？天下太平的承诺被外国商船、军舰前来迫使通商，强行开展港湾探测的"外患"给击碎了。虽然这是世界时势所迫，但民众对幕府的认可与归顺，是基于天下由乱到治的回天功绩，赞同幕府提高军事力量来确保太平无事。但是，事到如今，外患使民众对幕府的感激和信赖急速减退。在国内，幕府虽极力钳制大名的反叛，大盐之乱还是演变成了一场市区的巷战。幕府起初对百姓一揆不诉诸武力，但到了十八世纪后半叶，宣布在迫不得已的情况下也会大开杀戒，开始使用实弹射击来对付一揆势力。幕府不再是具有包容力的民众保护者了。

安住（安民）的另一个含义，是保证农民能够在社会立足，然而幕府的这项机能已经耗损殆尽。与起初的幕藩体制对照来看，社会并非一成不变，法制、规则、制度、机构，随着官府与官员的统治不同也会发生变化，治理民众的政治手段也在进步。然而，另一方面，民间社会已经脱离了当局的控制，臃肿不堪，急速发生变化。其中善恶并存，充满活力，这种力量是依靠身份制与世袭制，由将军、大名构成的幕府，以及有高度自律性的藩组织都无法控制的。幕府与藩更是无力管理上层富豪的经济活动。农工商阶级生活安定，日益成熟，他们的文化水准虽然提高了，然而他们的爱好、伦理却没有找到明确的方向，于是出现了下层贫民、游民、居无定所者、恶棍，使社会不断流动变化，而无法稳定下来。

本来，统治者也想改弦更张，重整旗鼓。不光对中下级武士的提拔现象有增无减，还有藩开始出售武士身份（"卖禄""金上侍"）。商人还会承担幕府与藩在财政困难时摊派下来的临时赋税、捐款等，以此来换得"称姓带刀"的士族资格，这种现象越来越普遍。于是，虽然从中也曾出现过超越原有身份发挥自己才华的人才，但要重建藩统治的社会却不可能了，为政者的无能日益暴露出来。他们强行将家臣的俸禄变成借款而收归己有，有的藩还奖励家臣去兼职开发副业（如米泽藩的纺织业等）。将军的直属家臣"旗本""御家人""大名"都陷入了"金饥馑"之中，他们也四处寻找门路，从民间借贷。

在这种情况下，社会领袖们以克服眼前危机为目标，登上了地方社会的舞台，他们力图复兴经济、改革政治以求得全家平安，解救身心。然而，这些社会领袖并不安于自己在原有身份阶层中的地位，他们也没有万民平等的民主构想，而是企图转移重心，在新的神明或君主面前，实现一种跨越"四民"（士农工商）身份差异的平等，让社会重新焕发活力。近似于职能区分的"士农工商观念"孕育了这种意识。面对危机，他们接受了来自摇摆不定的下层民众的请求与委托，磨炼出超越私欲的坚韧人格。

复兴农村运动的领导者

二宫金次郎（又名二宫尊德）是相模国足柄上郡栢山村农户的儿子，父母死后，家财尽失，靠着栽种别人丢弃的秧苗，收获大米糊口，经过一番苦心奋斗，才得以重建家业。后来，他成功地为小田原藩的"家老"重建家政，成为"报德仕法"的典范，这种模式称为"樱町仕法"。

一八四二年（天保十三年），二宫尊德被提拔为幕府官员，写出了日光仕法①的"雏形"，成为重建一家、一村、一藩的指导书。"报德仕法"培育出来的人才遍及小田原藩领地、日光神领地、乌山、下馆、相马各藩，如富田高庆、福住正兄、安居院庄七、冈田良一郎等都是他的门生。

二宫尊德是身高六尺、体形魁梧的大汉，办事喜欢讲究"合理"，他从和汉古典中探索出仕法及原理。他按照"力"的付出而制定出"支出计划"，将履行这种计划时付出的力量单位称为"分度"，主张把在"分度生活"中产生的"剩余价值返还于社会"。他将这种行为称为"推让"，将自己追求的根本目标称为"报德精神"。这种仕法不论是行政型，还是结社型，都要求生产者自强不息，不断努力。

大原幽学生于武士之家，少年时游历日本的中国地方及四国地方，学习神、儒、佛、易学和先进地区的农业技术。一八三〇年（天保元年），在江户松尾寺住持的鼓励下，大原幽学决心要实践社会教化。他寄寓于信州上田的富商小野泽六左卫门处，讲授道学。虽然门生不断增加，但一年后他就离开上田前往江户。大原幽学巡游相模、房总一带，在下总国的香取、海上、匝瑳三郡巡回讲学，阐释"非吾一人能成

---

①日光仕法，即"报德仕法"。二宫尊德制订"报德仕法"后，1856年在日光神社领地实施。

之事也"的"心之和合"的性理学。他接受了香取郡长部村村长远藤伊兵卫的邀请，将该地作为活动据点。大原幽学为复兴荒废的农村，组建了土地共有组织"先祖同业组合"，希冀家业世代相传。该组织负责土地交换，指导农业技术，其中包括整理土地、堆肥、施肥等。一八四八年（嘉永元年），长部村成为模范村，得到表彰。大原幽学的门生激增，加之教导所的建设，他受到关东取缔出役的怀疑，被迫接受政府评定所的调查。之后，他被判处监禁百日，被软禁在江户，回到长部村后自杀身亡。

社会动荡加剧，农村社会谋求提高能力，争取重新振作起来。虽然不能遇上像大原幽学那样成体系的教育家，但村庄也会挽留擅长读书写字的优秀先生，为他们创造学习条件，以作为复兴努力的一环。从幕末不断增加的为缅怀教书先生而建立的"笔子冢"[①]的数量就可见一斑。

通晓国学的农村官员

宫负定雄是下总国香取郡松泽村的村长之子，他的父亲对国学很有兴趣，是游学到此的平田胤笃的弟子。他受到父亲的教诲，以自身

---

①笔子冢，江户时代，农工商家的子弟在私塾"寺子屋""笔子屋""手习屋"中接受教育，毕业后建立的纪念土冢。

的农耕经验为基础，著成《农业要集》。一八二六年（文政九年），宫负定雄也成为平田胤笃的门生，作为平田学派下总国学的中心人物而活跃。宫负定雄作为村长，致力于村庄的政务，同时还著有《草木撰种录》《民家要术》《国益本论》等作品。他勤奋地指导农业技术，尽心尽力地去复兴已经变得萧条的东总村。这里的人们为节省口粮，杀死婴儿来减少人口。一八三三年（天保四年），天灾之下农田歉收，村政失败，宫负定雄只好前往江户的平田胤笃门下读书，从事胤笃著作的校对工作。出于敬神观念，他步行到各地的神社参拜，回到松泽村后，平田学说在他心中变得愈发牢固。此外，他还表现出了对幽冥界的兴趣。

宫负定雄因处于"上""下"夹缝中而苦恼不堪，国学教养的熏陶促成了他"天皇—将军—领主—村长"的"政事"委任系列的构想，试图将乡村官员也推上统治者的地位。幕藩体制推进了武士的官僚化，但村官仍然属于农户身份，最多只是身边农民的"父母官"。现实中村权力的日渐衰弱成了乡村官员阶层对政府不满的根源。

古桥晖儿是三河国设乐郡稻桥村的山间部豪农的次子，因家里的生意已经濒临破产，他将经营重点从酿酒、金融业转到味噌、酱油酿造以及农业上来，希望能重振家业。

一八三六年（天保七年）的饥荒和农民暴动发生，他以贷款、借米的方式来救助饥民。后来，古桥晖儿成为十一个村庄的总村长，致力于各村的自力更生。日本开港，平田胤笃死后，古桥晖儿作为其门人，成为一名勤皇人士，援助维新志士。到了明治时代，他又投身于林业、茶业、养蚕、烟草以及改良马匹品种等殖产兴业项目。古桥晖儿引进二宫尊德的弟子们发起的报德社运动，将其作为稻桥村的经济基础，甚至产生出"御年贡道"一词。从古桥晖儿的一生之中可以看出，越是"祖业正路"的村官，对"政道"的失望就会越大，他们在致力度过眼前危机的过程中，从文化的中间阶层变身为对政治的批评者。

民众宗教的创始人

喜之出生于尾张国爱知郡热田新旗屋町，八岁时兄弟相继去世，只好当了佣工。二十三岁时嫁到农家，由于丈夫逃离家园，喜之到名古屋的汉方医和尾张藩武士府中当佣工直到四十岁。后来，喜之返回热田开始独居生活。这时，身患重病的丈夫回来投靠，喜之照顾丈夫直至他去世。她收了养子，但养子的父亲也在喜之家中寄食。一八〇二年（享和二年），在穷困和不安中，喜之首次有了神灵附体的感觉。

244

第五章　内忧外患的时代与复兴志向

后来，喜之有了村民、町民以及武士的信徒，她进行过多达二百五十次的说教，形成了以解救"三界万灵"①为核心的独特宗教思想（如来教）。她主张，释迦的教义是全部真理的六成，余下的四成由她来解说。如来佛派遣使者金毘罗来解救末法之世的人们，喜之即是"使者金毘罗"。喜之立足于原罪说，鼓吹只有依靠如来佛的慈悲才能得救，如来面前人人平等，谋求底层民众的解救。

中山美支出生于一七九八年（宽正十年），是大和国山边郡三昧田村的村长前川半七的长女，十三岁时嫁给同郡庄屋敷村的村长、从事棉布买卖的地主中山善兵卫。美支很能干，十六岁时就开始主持家务，她生下一男五女，其中两名夭折。

美支请了修行者为患病的长子祈祷。一八三八年（天保九年），四十一岁时她担任修行者的助手，感到有神灵附体。从天而降的神灵对美支的丈夫说，"为救助三千世界，把美支的身体交给我"，强迫她的丈夫同意。之后，中山家道中落。她向首次生孩子的女儿宣称，神会保佑她顺产。她成了生孩子和体弱多病、苦恼不已女性们的"顺产护身符"，因此，美

---

①三界，佛教的欲界、色界、无色界。万灵，所有存在于三界的精灵。

支被称为"顺产护身神明"。

此后，美支活跃于"安产"、治疗天花等疾病的活动中，赢得许多信徒。她指出，在干涉与压力之下，创造人类世界的神是亲神、天理王命，主张"人类应当男女平等，努力侍奉神明，去实现明朗快乐的生活理想"（天理教）。

百姓一揆的头领　土川平兵卫出生于近江国（今滋贺县）野洲郡三上村，继承村长一职。一八四二年（天保十三年），甲贺、野洲、栗太郡一带发生了反对检地的百姓一揆（"三上骚动"），农民以讨论肥料价格对策为借口，举行集会，准备起事。他们发出"回状"，直接向检地的政府官员市野茂三郎上诉，得到了延期十万天、实质上停止丈量土地的证明文件后，解散集会。事后有多人被捕，土川平兵卫等十一人被装进押送犯人的竹笼送往江户，他在绝命、惜别的和歌中写道：

为救百姓身负罪，近江路上赴黄泉。

最终他死于江户小传马町的狱中。他曾写下"愿侥幸能得生存"的句子，但最终还是以"带头发起暴动"之罪被判斩首，当局虽然没有将其首级示众，却在三上村附近竖起了警示木牌。据《义民录》记载，他跪在"白洲"①上时，仍然责备"检地役欠缺公平，借政府之威，行违背仁政之不忠"，其余人等也尽数官员之无法无天，可为平兵卫之供词作证。《义民录》反映了近世广大农民心中的"何谓合理""何谓不合理"的基准。

弥五兵卫，俗称"小本祖父"，是陆奥下闭伊郡下岩泉村的农民，一八四七年（弘化四年），在反对征收"御用金赋课"税款的盛冈藩三闭伊一揆中，担任总头领。弥五兵卫当时已年近七十，就连藩的官员也不禁感叹道："筋骨强壮，能言善辩，农民中少见之老奸巨猾者，乃胆大妄为之人，大奸贼也。"

弥五兵卫自从天保饥馑以来，便开始调查谷米收成，并写成申请减免贡赋的请愿文书，担任替村民提起申述的诉讼师。农民向盛冈藩的最高重臣远野南部家族提起诉讼时，农民们得到可以"和解"的承诺结果而撤诉，然而藩政府却出尔反尔。弥五兵卫四处奔走，发动领地内各郡的六百三十六个村落，首先向仙台藩提出了请愿，不被受理，再前往幕府

---

①在江户时代的法庭，犯人跪在铺上白色碎石的庭前。"白洲"便用来指法庭。

御玄关告状,声称"百姓乃天下之民",控诉南部家族的暴政。一八四八年(嘉永元年),弥五兵卫被捕,在盛冈狱中他面对藩官员辩解说:"成为众人怨恨目标的新法负责人,才是暴动之同谋者。"

改天换地的强者　　松平辰藏出身于三河国加茂郡下河内村的世家松平家族,为抗议米价高涨,他作为首倡者,活跃于一八三六年(天保七年)的加茂一揆运动中。据当地神官渡边政香收集资料写成的《鸭的骚立》载,松平辰藏起初当过木匠,喜爱业余相扑和赌博,放荡不羁。他具有"邪智",是个"耍小聪明、能言善辩之人"。事实上,他曾经为割木商[①]的争端做过仲裁。松平辰藏拥有相当多的耕地。暴动后他被逮捕押往江户,死于狱中,再被斩首示众。书中描绘了审问时的唇枪舌剑般的对答场景,这虽是出于作者的想象,但也反映出了松平辰藏在当地有识之士心中的印象。

官员曰:"肃静!不畏惧官爷大人的无礼奴才,身为下等

---

①割木商,为市民提供作为燃料的劈柴的商人。

之辈，不得参与地头①、领主之议论。"辰藏应道："诺。上不正，则下犹歪也。久闻农人乃天下之百姓，官爷大人也须善待之，若子民受到伤害，实属可怜。"

北泽伴助，于一七九六年（宽正八年）出生于信浓国伊那郡米川村，被评为"刚愎无双者"，他活跃于南山一揆。年轻时，北泽伴助以一介贫农身份，因言辞慷慨激昂而遭村民疏远。他放荡不羁，喜爱赌博，曾遭捆绑受审，是性情中人。北泽伴助曾尝试过酿酒，失败后没落为半饥半饱的贫农，离开米川村后住在和田宿。一八五九年（安政六年），北泽伴助受众人之托，担任了南山一揆的头领、强诉的总代表。始于天保年间的这场暴动中，他一直是强诉的急先锋。

在集体强诉会场上，六十四岁的北泽伴助与白河藩奉行务川忠兵卫之间展开了一场激烈辩论，南山三十六个村庄参与的所有者，都目睹了这场唇枪舌剑的交锋。务川主张："结党、集体强行诉讼，皆有天下法度可制裁也。"伴助问道："结党、集体强诉局面，乃谁之罪过？此皆由阁下做事不当所致。以至这一干人等，到此前来请愿。"每当伴助高声问道："诸位，如何？可听见了回答？"后面的诉讼的群众便应道："句

---

①地头，江户时代的藩领主、旗本手下的家臣，任命他们担任自己庄园中的管理官员，则称为地头。

句听得实在。申辩之言,如云霞升起。"(中原治部右卫门《南山三十六村难涉叹愿日记》)由于伴助的巧妙指挥,农民的要求全部得以满足。随后他又组织起村庄内部对立情绪缓解的佃农们,开展减轻贡米负担、金纳化运动。最终北泽伴助被判终身监禁。

结　语：江户时代与明治维新及现在

仔细观察从近世到近代的变动可知，虽然不能说上一章的结尾处提到的社会领袖们都会顺理成章地成为幕藩体制解体、明治国家诞生的领路人，但的确，从具有国学修养的村官中，涌现出了一批为国事奔走的草莽志士，以及为维新运动提供经济支援的人。但是，从佩里来航开始，政局紧迫起来，以变革国家为目标的尊王攘夷运动、公武合体运动、倒幕运动的领导者，或是提出各种政权构想的领导者，他们大多都来自"武士世界"，虽有上级武士与下级武士之区别，但都经历了大约两个半世纪以上的领导者历练。但我并不是说，民间社会的领袖是脱离政治的，在幕末即便是民众也已经全部政治化了。然而民众的政治化并非会朝着天下国家论的方向发展，一般都会止步于村町社会的地方政治范围之内。

江户时代随着明治维新的开启而落下帷幕，但历史最终的走向，只是近世社会发展的诸多结果之一。社会并非沿着某一条预定轨道在前进，日本是一个由多个阶层组成的社会，存在着多种社会团体、多种运动组织、多种思想观念，它们之间互相碰撞博弈，最终让历史选择了一个最为便捷的着陆点。

决定历史发展起跳台的高度与方向的，是近世社会已经准备好的先决条件，还有从近世社会的矛盾之中所萌生的历史趋势，一切社会因素都会使二者相互结合起来。尽管有人才能超凡脱俗，但被历史选中的人物必须为三千万日本人所能接受，而并非仅仅因为某人能解决与列强对峙的历史性课题，他就能够决定日本发展的方向。江户时代在开始之际便做出了"太平盛世"与"百姓安居"的历史性承诺，在这个承诺破灭的过程中，民众对以德川氏为核心的幕府的感恩心和依赖感都大大减弱，与幕府背离的趋势日趋明显。对于当时尚未成形却已经呼之欲出的"新政府"而言，依赖幕藩体制陈旧的身份制度或职能分配来维持统治已不可行，建立一种基于"万民平等论"（东亚常见普遍存在的缺乏民众主权论的民本思想）的不同政治形态众望所归，这种政治形态正是社会上下所渴求的。在这段历史时期，还涌现出了野村望东尼、松尾多势子[①]这样的女性勤王志士。

关于政治形态的细节，只能委托给统治阶层和领导者们去思考。谈论政治构想之人，无论他们是否已经意识到，都必须将以下两点作为立论的基础，即实现民间社会目标的"万民平等论"，拆除统治者与被统治者之间的古老壁垒。这样一来，选拔人才、实现公议公论等，多种多样的想法就会相互碰撞。万民平等主义已经开始出现，尽管这还算不上是现代意义上的民主，而仅仅是一种与站在君主立场上的观点混合而成的思想。即便如此，作为明治国家基础的"华族"与"臣民"的形成，也并非源自民众改变世道的愿望，而是明治国家按照自己"御一新"的意志，去创造"国民"的结果。明治新政府阶段的"平民"一词，体现了打破"士农工商"壁垒的时代思潮。

但是，国家形态的剧变已成既定事实，构成明治时代的相当多的要素，是早在江户时代就积聚起来的，也有些要素是从江户时代转借而来。例如随着民间社会的发展而培育出

[①]野村望东尼（1806—1867），幕末勤王女志士，福冈藩武士之妻，丈夫死后削发为尼，掩护过高杉晋作、西乡隆盛等维新功臣，遭到藩政府的流放。松尾多势子（1811—1894），幕末尊王女志士，信浓国（今长野县）豪农之女，曾协助反对幕府的军队，维新政府成立后在政治家岩仓具视手下任职，晚年回故乡务农。

来的全国流通网及其管理体系，为社会的进一步发展奠定了基石。民间社会的活动朝着将幕藩体制法治化，以及加强与民众生活相关的政务工作的方向前进。尽管如此，江户时代的幕府却因为无暇应对各种变化而土崩瓦解。而由明治政府的"管理者"（官员、官僚）实行的统治，乃是从幕藩体制中转化而来并加以发展而成的。当然，这两者并非完全是一种连续与继承的关系，也出现了不少断裂，存在着明治国家想要破除的许多要素。而且，不分青红皂白地转借也会衍生出新的问题来。

江户时代不单是对明治维新产生了直接影响，对今天的日本也留下了浓墨重彩的痕迹。从第二次世界大战后直到二十世纪六十年代，这些痕迹一度被视作"封建遗迹"。经过经济高速发展，从江户时代一脉相承而来的农村、城市的景观，衣食住的模式，器皿用具，家庭形态都发生了巨大的变化。到了今天，江户时代已成了与我们时空相隔的"异文化社会"之一了。然而，那个与当今日本时空相隔的江户社会中，诸如相扑、歌舞伎以及酱油味道等不胜枚举的文化元素，原汁原味地保留在了我们今天的生活中。这些元素的精神内核将江户时代熏染成了一个与当今社会亲密无间、不可分割的"异文化社会"。我们要调整好心态，准备从江户时代数量庞大的男男女女的日常劳作以及诸多文化因子中，获取丰富的信息。

关于对佩里来航之后幕末时期的叙述，就留给此后的第七卷《明治维新》吧。最后，此书若能成为读者听取江户时代之声的传声筒，并得到读者们广泛采用，笔者不胜荣幸。

参考文献

《日本的历史大系》8—12卷（小学馆，1988—1989年、1993年小学馆图书馆版）

儿玉幸多、唐纳德基恩、司马辽太郎监修《日本的近世》1—18卷（中央公论社，1991—1994年）

儿玉幸多、林屋辰三郎、永原庆二编《日本的历史》11—15卷（集英社，1992年）

山本博文、曾根勇二、木村直也、斋藤善之、渡边尚志、岩田浩太郎编辑《新近世史》全5卷（新人物往来社，1996年）

佐佐木润之介《近世民众史的再构成》（校仓书房，1984年）

冢本学《近世再考》（日本编辑校对学校出版部，1986年）

水林彪《重组封建制与确立日本式的社会》（山川出版社，1987年）

辻达也《思考江户时代》（中央公论社，1988年）

青木美智男《一茶的时代》（校仓书房，1988年）

荒野泰典《近世日本与东亚》（东大出版会，1988年）

高埜利彦《近世日本的国家权力与宗教》（东大出版会，1989年）

高木昭作《日本近世国家史的研究》（岩波书店，1990年）

藤井让治《江户幕府老中制形成过程的研究》（校仓书房，1990年）

奈仓哲三《真宗信仰的思想史的研究》（校仓书房，1990年）

吉田伸之《近世巨大都市的社会构造》（东大出版会，1991年）

尾藤正英《何谓江户时代》（岩波书店，1992年）

冢田孝《身份制社会与市民社会》（柏书房，1992年）

山口启二《锁国与开国》（岩波书店，1993年）

深谷克己《百姓成立》（塙书房，1993年）

水本邦彦《近世的乡村自治与行政》（东大出版会，1993年）

朝尾直弘《对都市与近世社会的思考》（朝日新闻社，1995年）

薮田贯《作为女性史的近世》（校仓书房，1996年）

仓地克直《近世民众与支配思想》（柏书房，1996年）

落合延孝《猫绘的贵族大人》（吉川弘文馆，1996年）

平川新《纷争与社会舆论》（东大出版会，1996年）

大藤修《近世农民与家、村、国家》（吉川弘文馆，1996年）

藤野保《应当如何看待江户时代》（雄山阁，1997年）

菊池勇夫《近世的饥馑》（吉川弘文馆，1997年）

纸屋敦之《大君外交与东亚》（吉川弘文馆，1997年）

阿部昭《江户的无法无天者》（讲谈社，1999年）

白川部达夫《近世的百姓世界》（吉川弘文馆，1999年）

藤田宽《近世政治史与天皇》（吉川弘文馆，1999年）

宫泽诚一《赤穗浪士》（三省堂，1999年）

若尾政希《读太平记的时代》（平凡社，1999年）

山本英二《庆安御触书成立试论》（日本编辑校对学校出版部，1999年）

年　表

1600年（庆长五年）	荷兰商船"丽芙迪号"漂流到日本；关原合战
1603年（庆长八年）	德川家康成为征夷大将军；颁发保护农民的七条规定
1604年（庆长九年）	幕府承认松前庆广对虾夷地贸易的垄断
1605年（庆长十年）	德川秀忠成为征夷大将军
1607年（庆长十二年）	朝鲜国"回答兼刷还使"来日
1609年（庆长十四年）	规定对马藩与朝鲜互通往来；萨摩藩攻击琉球
1611年（庆长十六年）	后水尾天皇即位
1612年（庆长十七年）	幕府颁发禁教令；有马晴信、冈本大八遭处刑
1614年（庆长十九年）	大坂冬之役

1615年（元和元年）	丰臣氏灭亡；颁布"禁中并公家诸法令"十七条；本阿弥光悦全族移居鹰峰
1616年（元和二年）	家康逝世，敕许"东照大权现"神号；李参平开始烧制白瓷、青花瓷
1619年（元和五年）	幕府禁止贩卖人口；禁止长期雇用劳工
1629年（宽永六年）	由于"紫衣事件"泽庵等人被流放；后水尾天皇让位于兴子内亲王
1633年（宽永十年）	对奉书船之外的船只实行海禁
1634年（宽永十一年）	德川家光赴京都；伊贺越仇讨事件
1635年（宽永十二年）	禁止日本人前往海外和在外国的日本人回国；宗氏在与朝鲜交换的伪造国书事件中胜诉
1636年（宽永十三年）	开始铸造宽永通宝；朝鲜通信使访日
1637年（宽永十四年）	岛原天草一揆
1638年（宽永十五年）	岛原天草一揆平息
1639年（宽永十六年）	幕府禁止葡萄牙船来日本
1641年（宽永十八年）	平户的荷兰商馆迁往长崎出岛
1644年（正保元年）	清灭明，迁都北京
1646年（正保三年）	郑成功请求派兵援助，遭幕府拒绝
1647年（正保四年）	陶工匠柿右卫门开创赤绘法
1650年（庆安三年）	向象贤著《中山世鉴》

1651 年（庆安四年）	大名松平定政因批评幕府而出家；发生"庆安事件"；幕府放宽有关武士临终收养子的禁令
1653 年（承应二年）	玉川上水工程启动
1657 年（明历三年）	振袖大火；吉原迁移；水户藩开始编纂《大日本史》
1663 年（宽文三年）	幕府禁止为主君殉死
1664 年（宽文四年）	幕府命水野十郎左卫门切腹；《宽文印知》
1665 年（宽文五年）	德川光圀聘朱舜水为客座讲师
1666 年（宽文六年）	幕府颁发"觉 山川掟"三条文；在琉球开始实施羽地规条
1668 年（宽文八年）	幕府对出现殉死者的宇都宫藩主进行转封处罚
1669 年（宽文九年）	相库相郢之战
1670 年（宽文十年）	友野与右卫门等人完成箱根水渠工程
1671 年（宽文十一年）	幕府命河村瑞贤整顿沿海的东线和西线海运；仙台藩发生"伊达骚动"
1672 年（宽文十二年）	"净琉璃坂的仇讨"；冈山藩主池田光政辞官
1673 年（延宝元年）	门前市场町"草户千轩町"遭洪水淹没
1679 年（延宝七年）	高田藩越后骚动

1682年（天和二年）	西鹤《好色一代男》、菱川师宣《浮世续绘尽》出版
1684年（贞享元年）	农书《百姓传记》完成；此时芭蕉奠定了蕉风俳谐
1685年（贞享二年）	德川纲吉推出"生类怜悯令"
1697年（元禄十年）	宫崎安贞《农业全书》出版
1702年（元禄十五年）	赤穗旧藩士大石内藏助等讨伐吉良上野介
1703年（元禄十六年）	近松门左卫门《曾根崎心中》出版
1705年（宝永二年）	大坂富商淀屋辰五郎遭没收财产
1707年（宝永四年）	富士山火山爆发
1709年（宝永六年）	荻生徂徕开设私塾蘐园
1711年（正德元年）	新井白石提出有关朝鲜使节的待遇和将军对外称号的建议
1713年（正德三年）	贝原益轩著《养生训》；市川团十郎首演江户助六歌舞伎《花馆爱护樱》
1716年（享保元年）	德川吉宗成为将军，宣布改革
1718年（享保三年）	江户颁布消防令
1721年（享保六年）	幕府于江户城前设置意见箱；流地禁令；田中休愚《民间省要》出版
1722年（享保七年）	德川吉宗命室鸠巢翻译《六谕衍义大意》；越后发生质地骚动

年 表

1723年（享保八年）	羽前发生质地骚动
1732年（享保十七年）	饥荒；翌年正月，江户发生打砸骚乱
1739年（元文四年）	石田梅岩《都鄙问答》出版
1740年（元文五年）	德川吉宗命青木昆阳等学习荷兰语
1742年（宽保二年）	完成《公事方御定书》，后再经补订
1748年（宽延元年）	《假名手本忠臣藏》首演
1753年（宝历三年）	安藤昌益《自然真营道》出版
1754年（宝历四年）	熊本藩设立藩校"时习馆"
1757年（宝历七年）	平贺源内等在江户举办物产展览会
1758年（宝历八年）	"宝历事件"
1759年（宝历九年）	细井平洲在江户开设私塾"嘤鸣馆"
1764年（明和元年）	幕府奖励生产俵物
1765年（明和二年）	丰竹座衰落；铃木春信在"绘图历比赛"中获得好评
1767年（明和四年）	田沼意次任将军"侧用人"及远州相良城主；米泽藩主上杉鹰山开始改革；"明和事件"；竹本座衰落
1770年（明和七年）	幕府竖立布告板，禁止徒党起诉公仪或逃离家园
1774年（安永三年）	杉田玄白等译《解体新书》出版

1776年（安永五年）	米泽藩整顿藩校"兴让馆"
1779年（安永八年）	光格天皇即位
1780年（安永九年）	秋里篱岛《都名所图会》出版
1781年（天明元年）	喜多川歌麿活跃于狂歌绘本领域；中泽道二在江户设立"参前舍"
1782年（天明二年）	大黑屋光太夫遇险，漂流海外
1783年（天明三年）	工藤平助《赤虾夷风说考》出版；浅间火山爆发；天明饥馑；各地发生打砸骚乱；菅江真澄离开三河国，周游列国
1784年（天明四年）	为解决粮荒，幕府颁发"非职业商人亦可买卖米谷令"、源氏流花道掌门人千叶龙卜举行大花会
1785年（天明五年）	林子平《三国通览图说》出版
1787年（天明七年）	江户骚乱；本居宣长《秘本玉匣》出版；相模发生"土平治骚动"
1788年（天明八年）	飞騨发生"大原骚动"
1789年（宽政元年）	幕府颁发"免债令"；"尊号事件"
1790年（宽政二年）	宽政异学之禁

1791年（宽政三年）	幕府对江户颁发"七分积金令"；将军观看相扑；山东京传因笔祸遭刑拘五十天；江户出版商茑屋重三郎因败坏民俗，遭公仪没收一半财产
1792年（宽政四年）	拉库斯曼来日本；大黑屋光太夫回国；江户町会所成立
1793年（宽政五年）	松平定信巡视伊豆相模海岸；遭罢免
1794年（宽政六年）	桂川甫周《北槎闻略》出版
1796年（宽政八年）	伊势津藩因反对土地划分而发生百姓一揆
1798年（宽政十年）	本居宣长《古事记传》完稿
1801年（享和元年）	志筑忠雄《锁国论》出版
1802年（享和二年）	大藏永常《农家益》出版；如来教教祖喜之首次神灵附体
1804年（文化元年）	《藤冈屋日记》开始写作；鹤冈藩设立藩校"致道馆"；列扎诺夫来日本
1805年（文化二年）	设置关东取缔出役、黑羽藩"家老"铃木武助《农谕》出版
1808年（文化五年）	间宫林藏探测库页岛；英国军舰责顿号入侵长崎港
1810年（文化七年）	幕府命会津白河藩建设炮台

1811年（文化八年）	幕府设置蕃书和解御用挂；软禁戈洛夫宁等
1812年（文化九年）	高田屋嘉兵卫为俄罗斯船所擒拿
1816年（文化十三年）	《世事见闻录》出版
1820年（文政三年）	小林一茶《俺的春天》完稿；山片蟠桃《梦之代》
1822年（文政五年）	千叶周作开设北辰一刀流道场"玄武馆"
1823年（文政六年）	摄津、河内、和泉一千多处农村向幕府提起诉讼
1824年（文政七年）	西柏尔德开设"鸣泷塾"
1825年（文政八年）	幕府下达对外国船开炮驱逐的命令
1827年（文政十年）	幕府开始文政改革
1828年（文政十一年）	"西柏尔德事件"
1830年（天保元年）	岩村藩印刷《庆安御触书》颁发；伊势神宫迁宫仪式；翌年集体还愿参拜；萨摩藩调所广乡，强行处理藩债务；水户藩开始改革藩政
1831年（天保二年）	葛饰北斋《富岳三十六景》出版、长州藩百姓一揆、宫负定雄《民家要术》出版
1832年（天保三年）	尾张的宝顺丸号遇险漂流；鼠小僧被捕
1833年（天保四年）	天保饥荒

1834年（天保五年）	歌川广重完成《东海道五十三次》
1835年（天保六年）	大原幽学在长部村讲授性理学
1836年（天保七年）	"甲州骚动"；三河加茂一揆；古桥晖儿救济饥民
1837年（天保八年）	大盐平八郎为民起义；铃木牧之《北越雪谱》出版；"莫里逊号事件"发生
1838年（天保九年）	渡边华山《慎机论》出版；高野长英《戊戌梦物语》出版；水户藩主德川齐昭写成内忧外患意见书，并于翌年向幕府提交（戊戌封事）；天理教教祖中山美支首次神灵附体
1839年（天保十年）	蛮社之狱；江川英龙等提出海防调查意见
1840年（天保十一年）	鸦片战争；"三方转封令"引起庄内藩百姓一揆；长州藩村田清风改革藩政
1841年（天保十二年）	幕府开始天保改革；"株仲间解散令"颁布
1842年（天保十三年）	近江反对幕府丈量土地引发农民暴动；二宫尊德成为幕府官员，着手用日光仕法复兴农村
1843年（天保十四年）	"居无定所之贱民返回故里令"颁布
1844年（弘化元年）	荷兰国王开国劝告国书
1847年（弘化四年）	盛冈藩三闭伊一揆

图书在版编目（CIP）数据

江户时代 /（日）深谷克己著；梁安玉译 .—— 北京：新星出版社，2020.8
（岩波日本史：第六卷）
ISBN 978-7-5133-3885-1

Ⅰ.①江… Ⅱ.①深… ②梁… Ⅲ.①日本-中世纪史-江户时代 Ⅳ.① K313.36
中国版本图书馆CIP数据核字（2020）第 013452 号

岩波日本史（第六卷）
江户时代

[日] 深谷克己 著；梁安玉 译

策划编辑：姜 淮	**责任编辑**：李文彧
特约审订：刘德润	**责任校对**：刘 义
营销编辑：史玮婷	**版权经理**：陈 雯
版权支持：一元和卷	**装帧设计**：冷暖儿
责任印制：李珊珊	**内文排版**：魏 丹

出版发行：新星出版社
出 版 人：马汝军
社　　址：北京市西城区车公庄大街丙3号楼　　100044
网　　址：www.newstarpress.com
电　　话：010-88310888
传　　真：010-65270449
法律顾问：北京市岳成律师事务所

读者服务：010-88310811　　service@newstarpress.com
邮购地址：北京市西城区车公庄大街丙3号楼　　100044

印　　刷：北京美图印务有限公司
开　　本：889mm×1194mm　　1/32
印　　张：8.625
字　　数：144千字
版　　次：2020年8月第一版　　2020年8月第一次印刷
书　　号：ISBN 978-7-5133-3885-1
定　　价：62.00元

版权专有，侵权必究；如有质量问题，请与印刷厂联系调换。

NIHON NO REKISHI, 6: EDO JIDAI by Katsumi Fukaya

© 2000 by Katsumi Fukaya

Originally published in 1999-2000 by Iwanami Shoten, Publishers, Tokyo.

This simplified Chinese edition: published 2020

by New Star Press Co, Ltd., Beijing

by arrangement with Iwanami Shoten, Publishers, Tokyo

著作版权合同登记号：01-2020-0881